EXAMEN

DU BUDGET

PROPOSÉ POUR 1818

PAR LE MINISTRE DES FINANCES,

Avec l'indication des moyens de faire cesser les désordres de l'administration du royaume;

Par l'Auteur des *Considérations sur l'organisation sociale*, imprimées à Paris, chez Migneret, en 1802.

> Quid verum atque decens curo et rogo et omnis in hoc sum.
>
> HORAT.

A PARIS,

Chez Ant. BAILLEUL, Imprimeur-Libraire, rue Ste.-Anne, N°. 71;
DELAUNAY, Libraire, Palais-Royal, galeries de bois, N°. 243.

JANVIER 1818.

IMPRIMERIE D'ANT. BAILLEUL,
RUE SAINTE-ANNE, N°. 71.

TABLE DES MATIERES.

FIN DE LA TABLE.

AVANT-PROPOS.

On rit de tout en France, même du Budget. Nos pères n'étaient pas plus sages. On n'a point oublié le mot du cardinal Mazarin : *ils cantent, ils pagaront*. Il y a cependant quelque différence entre les temps passés et celui-ci : nous chantons encore, mais il est probable que bientôt nous ne pourrons plus payer. En attendant, on dispute sans s'entendre, comme cela arrive dans tous les pays où la dispute n'est bonne à rien.

Je ne sais quel est le pape qui disait que la France était le pays le mieux gouverné, parce qu'elle ne l'était jamais que par la Providence. Ce pape ne connaissait pas la puissance de nos seigneurs les commis, ni leur adresse à mettre la Providence en défaut : s'il avait connu les petits moyens de ces Messieurs, il aurait très-bien compris pourquoi le peuple le plus riche est si loin d'avoir la *poule au pot*. Espérons que le fils du bon Henri accomplira ce vœu d'adorable mémoire; et pour que sa volonté ne soit pas déçue, examinons sagement nos maux, afin de pouvoir montrer combien il est urgent et FACILE de les guérir.

Malgré nos fautes, la plupart de nos ressources nous restent : nous avons conservé notre territoire, notre population, notre industrie ; il ne s'agit ainsi que de savoir si la bureaucratie doit continuer de disposer de plus de 150 millions par an, pour opprimer notre agriculture, nos manufactures, notre commerce, et si les taxes seront toujours assises sur des facultés *présumées*, au lieu d'être levées sur des facultés *réelles*. Voilà tout l'état de la question. Je vais le prouver ; mais je dois auparavant raconter au public une scène assez singulière, quoiqu'elle ressemble beaucoup à ce que l'on voit tous les jours.

J'étais naguères en fort bon lieu : on y parlait avec chaleur de l'état actuel du royaume ; et chacun, suivant l'usage, était prodigue d'expédiens et d'avis, lorsque tout à coup un des assistans prit la parole et dit : *Messieurs, je n'entends rien en finances, mais le Budget me paraît excellent* ; le ministre nous promet une diminution *de besoins* de 80 millions, des dégrèvemens pour l'agriculture, l'industrie et le commerce, la hausse de la rente et la diminution de la dette publique. L'assemblée sourit à l'espérance, et la majorité allait applaudir, lorsqu'un trouble-fête s'écria : défiez-vous de ces promesses ! je l'ai lu ce Budget ; eh bien ! j'y trouve pour 1818 une augmentation de 10 millions dans les dépenses ministérielles, une augmentation pour la dette de 28 millions de rentes, un arriéré toujours croissant, et la conservation des taxes extraordinaires ; j'y trouve enfin la certitude que l'on ne peut suivre un tel système sans détruire la monarchie. Chacun fut consterné : mais le premier interlocuteur ne perdit point courage ; il argumenta longuement sans rien dire, assura qu'il avait étudié le *compte moral* de la caisse d'amortissement, et se disposait à faire le procès de la minorité des Chambres, lorsque son adversaire déclara que l'opposition dans un gouvernement représentatif était la meilleure sauve-garde des intérêts nationaux, et de l'honneur des dépositaires de l'autorité publique. Alors le combat devint général : tous parlaient à la fois de la Charte, de la liberté de la presse, du concordat, de la loi sur le recrutement, des alliés, de la cour, de la bourse ; les intérêts personnels s'étaient éveillés : on avait oublié le Budget ; toutes les vanités étaient en *jeu, et chacun prenait parti* suivant ses projets, ses pensions, ses appointemens, ou ses espérances, lorsque le maître du logis voulut connaître mon opinion sur le débat primitif. Il se fit alors un moment de silence, et je prononçai l'arrêt que voici : Attendu que les deux combattans ont dit ce qui se trouve mot à mot dans le discours et le rapport du Ministre; attendu que ces choses contradictoires sont difficiles à comprendre, invitons les intéressés à lire attentivement le Budget, nous obligeant d'en publier incessamment une analyse.

Je remplis aujourd'hui cette tâche avec la plus profonde douleur. Dans la situation où nous sommes, à quoi servent les brochures? Ce serait peut-être le moment de laisser défendre de si grands intérêts par des orateurs dont l'expérience égalera cette fois le zèle : mais on n'abandonne pas la cause de son pays, quand on croit pouvoir le servir.

On dira peut-être qu'en faisant l'examen des finances, j'ai fait la satire de toutes les parties de l'administration; peut-être même dira-t-on que cette critique est faite en haine du ministère actuel. Je dois prévenir ces reproches, parce qu'ils pourraient nuire à l'impartialité des lecteurs. Je déclare en conséquence que je n'ai cherché que la vérité, et que je n'ai aucun motif individuel de me plaindre des Ministres, ne leur ayant jamais rien demandé. Je suis embarqué sur le vaisseau dont ils devraient tenir le gouvernail : ils l'ont laissé entraîner au milieu des abîmes; le vaisseau va couler bas; il faut bien, quoique je ne sois qu'un passager, que je coure à la pompe.

Je déclare au surplus, d'après les principes du gouvernement représentatif, que c'est aux Ministres seuls que doit être imputé le blâme que l'administration peut encourir. Il est reconnu, dans cette forme de gouvernement, que le Roi ne saurait faire le mal, et tout répond qu'il ne peut vouloir que la prospérité de son royaume.

On chicanera peut-être sur les chiffres; mais sur quoi ne peut-on pas chicaner? Cependant, pour éviter toute contestation arithmétique, je ne me suis servi que des calculs que j'ai trouvés dans les comptes des Ministres. Ces comptes sont imprimés. Les résultats, d'ailleurs, sont évidens : ainsi, quand même j'aurais commis involontairement quelque erreur, il n'en serait pas moins prouvé que les procédés de l'administration française sont opposés à la pratique des gouvernemens les plus éclairés en finance, et que cette administration est contraire à l'intérêt de la nation, par conséquent à celui de la maison de Bourbon.

MONDENARD.

Nota. Afin de ne pas charger le tableau de chiffres arides, je me servirai autant que possible de sommes rondes.

EXAMEN
DU BUDGET
PROPOSÉ POUR 1818.

On est, en France, depuis plusieurs années, dans l'usage de publier la situation financière du royaume ; c'est ce que l'on nomme le Budget. Lorsque ce compte annuel est fait avec exactitude, il en résulte de grands avantages, parce que le Gouvernement, ainsi que le public, peuvent connaître l'emploi du produit des impôts. Mais lorsque ce compte est fait sans scrupule, et que le contrôle de toutes ses parties est extrêmement difficile, peu de gens le lisent, très-peu le comprennent : le budget n'est bon à rien. Aussi cette publication n'a produit jusqu'à présent aucun des effets qu'on devait en attendre. Le peuple est resté pauvre ; le Gouvernement est resté faible ; la dette publique s'est constamment augmentée ; la Trésorerie n'est pas sortie de sa détresse ; en un mot, la France n'a profité ni des progrès de la civilisation, ni des heureuses variétés de son territoire, ni de la prodigieuse activité de ses habitans, ni de leur admirable industrie. Ses conquêtes ont paru la soutenir; c'était l'éclat d'un incendie. Mais aujourd'hui ses désastres l'accablent, et sa misère s'augmente chaque jour par un accroissement de population sans emploi. Cet état peut-il être paisible? cet état peut-il être durable? Il est impossible de le croire. C'est donc servir son pays, que de montrer à la fois *la cause de ses maux, et les moyens de les guérir.* Afin d'être clair, je vais examiner chaque objet dans l'ordre suivi par le Ministre des finances. Je n'avancerai aucun fait qui ne soit appuyé sur pièces officielles.

ARRIÉRÉ.

La dette arriérée des ministères est, en France, comme l'arche sainte; on ne permet pas d'en approcher; les Ministres eux-mêmes ne jugent cette partie de la situation financière du royaume, que sur les états qui leur sont remis par les chefs de leurs bureaux; et comme chaque ministère liquide ses dépenses, et qu'il est établi qu'un Ministre ne se mêle point de ce qui se fait chez ses collègues, il n'existe aucun contrôle régulier, et les vérifications sont plus que difficiles. De là vient que la totalité de cette dette n'a jamais été bien connue. Le budget des neuf derniers mois de 1814 la portait à 759 millions. Ce terrible arriéré effraya le public, ainsi que les Chambres ; mais on apprit bientôt que le Ministre n'avait aucune donnée certaine. Ses expressions prouvèrent que la majeure partie de cette dette était hypothétique ; et M. le duc de Gaëte, son prédécesseur, confirma ce soupçon par ses écrits. On présuma dès lors que cet arriéré n'excéderait pas 250 millions. Le Ministre, dans son discours à la Chambre des Députés, imprimé en décembre 1815, l'évaluait cependant à 700 millions. Ce Ministre, en proposant la loi de finances pour 1816, ne la porta ensuite qu'à la somme de 462 millions, distraction faite de 131 déjà payés.

Ce même Ministre, dans son discours pour la présentation du budget de 1817, dit que l'arriéré payable en rentes ne dépasserait pas probablement 300 millions, outre l'emprunt de 100 millions.

Il importait à la bureaucratie de conserver un épouvantail dont elle tire de si grands avantages ; il fut donc proposé, et même ordonné aux créanciers, par la loi de finances de cette année 1817, d'avoir à produire des titres, sous peine de déchéance.

Enfin, malgré ces différentes évaluations et tous les paiemens exécutés jusqu'à ce jour, le projet de budget pour 1818 porte encore l'arriéré à 427 millions.

Cette dette était sans doute susceptible de varier dans son ensemble, par l'effet des remboursemens, des liquidations et des nouveaux déficits ; mais comme ces causes montraient la nécessité d'arriver aux comptes définitifs, je proposai en 1814, *dès que l'autorité légitime fut rétablie*, de créer un bureau général de liquidation, *séparé de tous les ministères* ; d'astreindre ce bureau à liquider les créances *par ordre de date du dépôt des pièces*, et de rendre publiques les opérations de la liquidation. Par ce moyen, les dépenses ministérielles auraient été enfin soumises à un contrôle *effectif*. Je proposai en même temps d'acquitter les créances, qui seraient liquidées, en bons de la Trésorerie, portant 5 pour 100 d'intérêt, et d'admettre *exclusivement* ces bons en paiement d'une partie des bois domaniaux que l'on aurait mis en vente à concurrence du montant de ces bons.

Par cette opération, on aurait bientôt connu le véritable état de la dette arriérée. On aurait vendu les bois au prix d'une estimation préalable, sans retirer un seul écu de la circulation; on aurait fait rentrer promptement, et sans frais, les bons émis par la Trésorerie; on se serait délivré de l'administration forestière, qui absorbe presque le tiers du produit net de ces bois, et l'on aurait mis en circulation une plus grande partie du territoire : ce qui aurait augmenté les recettes de la régie de l'enregistrement.

Voyons ce qu'on a préféré à cette suite d'idées simples et faciles à exécuter.

On a différé de constater l'état de l'arriéré, et l'on en a fait de nouveaux. On a voulu payer l'ancien en bons du trésor; ce qui était aussi injuste qu'impraticable, puisqu'on ne donnait aucun emploi à ce papier : aussi le discrédit de ces bons a-t-il bientôt forcé le Ministre de les retirer.

On a décidé ensuite que l'arriéré serait payé en inscriptions sur le grand-livre; et malgré les termes de cette loi, on a payé une partie des fournisseurs de Buonaparte en numéraire.

On a vendu une partie des bois domaniaux à si vil prix, que la coupe du bois sur pied a généralement payé ces acquisitions. La Trésorerie a emprunté à terme sans aucune autorisation légale; on a créé une immensité de nouvelles rentes, dont l'étranger se trouve en grande partie propriétaire. On n'a fait que des économies illusoires, et l'on a augmenté dans le fait les dépenses ministérielles. On a forcé les taxes, en conservant une grande portion des centimes de guerre, et en établissant des centimes surnommés facultatifs; enfin, on a établi de nouveaux impôts sur des denrées de première nécessité: on a fait ainsi précisément le contraire de ce qu'il fallait faire.

Le résultat de ces malheureuses opérations est, 1°. que le Ministre demande pour paiement de la dette consolidée la somme de 140 millions 700,000 f.; ce qui fait une augmentation de plus de 85 millions de rentes en quatre ans; 2°. que le Ministre déclare que la Trésorerie est grevée d'une dette exigible de plus de 149 millions. Cette dette n'était, au 1er. avril, que de 113 millions: ainsi, d'après les trois derniers budgets, les Ministres auront eu à leur disposition, depuis le 1er. avril 1814, *en ressources extraordinaires*,

Le capital des nouvelles rentes, ci.	1,700,000,000fr.
La solde en caisse de la Trésorerie à ladite époque, ci..	28,000,000
Le produit des centimes extraordinaires jusqu'à ce jour, ci.	173,243,759
L'augmentation de la dette exigible du trésor, ci.	36,000,000
La vente des bois domaniaux.	34,177,459
Le versement du domaine extraordinaire en 1814.	9,499,496
La vente des biens des communes, ci.	59,456,017
La solde de la vente des rentes de la caisse d'amortissement. . . . , ...	35,863,200
L'emprunt de cent millions, ci	100,000,000
	2,176,239,931 f.

De l'autre part.	2,176,239,931 f.
Les recettes diverses des exercices de 1814 et antérieurs, portées à l'exercice 1816.	11,408,400
La retenue sur les traitemens en 1816, 1817 et 1818	39,200,000
Les cautionnemens. . .	56,000,000
Le montant du trésor ramené de Blois, se portant à 44 millions, et dont je ne sache pas que l'on ait rendu un compte suffisant.	*Mémoire.*
L'abandon par le Roi et les Princes sur la liste civile en trois années. . . .	19,000,000
TOTAL.	2,301,848,331

dont il faut distraire, pour la contribution de guerre, la solde et entretien des troupes alliées, compris 1818, la somme de 1,077,700,000 fr., et environ soixante-sept millions payés en numéraire ou valeur sur l'arriéré (1).

(1) On pourrait aussi distraire de cette somme

Restera ainsi, par aperçu, l'énorme somme d'un MILLIARD 157,148,331 fr. consommée par l'administration française en cinq ans, indépendamment des revenus ordinaires (1).

Que n'aurait-on pas fait par le bon emploi d'un si grand capital? Quel avantage n'en eût pas retiré l'industrie française? Et de combien cette énorme somme n'aurait-elle pas augmenté la richesse publique, si elle était restée entre les mains des propriétaires, des cultivateurs, des manufacturiers, des commerçans, au lieu de s'engloutir dans les

---

celle de 58 millions laissés dans les coffres de la Trésorerie et des receveurs, lorsque la Cour partit pour Gand. Aucune plainte sérieuse n'a été faite aux Chambres sur cet étrange abandon. Il n'en est pas de même pour le trésor de Blois : un Député demanda en 1814 qu'il en fût rendu compte; la proposition fut vivement appuyée; cependant la motion n'a jamais été discutée. Ces choses ne sont pas du nombre de celles qu'on peut oublier : il n'est pas moins certain que ce n'est pas ainsi qu'on fait les affaires du public dans les pays où les Ministres sont effectivement responsables.

(1) On objectera peut-être que le gouvernement est bien loin d'avoir reçu 1700 millions pour l'aliénation des rentes ; mais ce capital n'en est pas moins détruit. L'objection prouverait seulement que la Trésorerie fait de mauvaises affaires.

coffres des agioteurs, des fournisseurs et des commissionnaires du gouvernement? En d'autres termes, de combien la force des hommes productifs n'a-t-elle pas été diminuée par l'influence des hommes improductifs? Est-ce ainsi que l'on administre les pays qui ont fait de véritables progrès dans la science financière?

Voyons maintenant de quoi se compose cet arriéré, dont on veut absolument opérer le paiement, et dont une partie date de 17 ans, quoique la plupart des exercices aient été successivement fermés par des lois.

Le tableau de la situation de la dette arriérée du ministère de la justice, antérieur au 1er. avril 1814, présente deux articles ainsi conçus :

1°. Traitement du procureur-général de la Haute-Cour (Regnault de Saint-Jean-d'Angely) et des employés. 9,151 fr. 19 c.

2°. Solde du prix de 27 portraits de Buonaparte, destinés aux Cours de justice. . . . . 58,000 fr.

Ces deux articles avaient été ordonnancés par le Ministre, d'après les comptes rendus pour 1814 et 1815; il n'est pourtant pas probable que ce soit un double emploi, puisque le total des ordonnances est mentionné au tableau annexé au budget de 1818. Mais on ne peut s'empêcher d'observer que l'article du procureur-général de la Haute-Cour n'est porté dans ces comptes rendus que pour 9,020 fr. ; différence légère, mais suffisante pour accuser le tableau d'inexactitude.

On trouve dans les états de situation du ministère de l'intérieur que la bienfaisance et les mesures sanitaires sont en arrière de 265,000 fr. ; l'instruction publique, de 920,000fr. ; les sciences et les beaux-arts, de cinquante mille écus ; les cultes, de plus de deux millions ; les dépenses départementales, de plus de dix-huit ; le commerce, l'agriculture, les haras et manufactures, de 869,792 fr. ; les dépenses imprévues *ou supprimées du budget*, plus de 1,200,000 fr. etc. etc., etc.

On trouve dans l'état de la dette arriérée du Ministre des finances et du Trésor, au chap. 4, un rappel de traitement et d'indemnité pour confection des rôles aux agens des contributions directes, des frais de confection du parcellaire du cadastre, des arriérés de traitement à divers payeurs, des rappels d'abonnemens des receveurs-généraux pour le transport des fonds, lesquels articles *in-*

distincts, concernant en général des employés et des comptables, se portent à 5,376,757 fr. 89 c.

On y trouve ensuite, chap. 6, des remboursemens à effectuer pour versemens faits dans la caisse de l'armée d'Égypte, pour remboursement de marchandises brûlées, pour traitement et indemnités des intendans et autres agens du Trésor, 11 millions 696,659 fr.

Il est douteux que de pareilles créances eussent été présentées à la liquidation de Buonaparte. Il savait que les employés ne peuvent attendre si long-temps leur salaire, et que les comptables ne peuvent rester en avances pendant tant d'années.

Le chap. 7 indique un arriéré sur la dotation du Sénat, antérieurement toujours au 1er. avril 1814, de la somme de 1 million 666,666 fr. 66 c., sans compter un autre arriéré pour la Chambre des Députés, de 368,888 fr. 98 c.

L'art. suivant est ainsi conçu : *A ajouter pour diverses créances de l'arriéré de* 1813 *et antérieur, appartenant aux précédens chapitres*, 1 *million* 874,968 *fr.* 25 *c.* Il n'est pas aisé de se former une idée de la valeur de ces créances, d'après de pareils énoncés. Il y a lieu de croire que les Chambres demanderont des renseignemens sur des états qui ne portent le nom d'aucun créancier, ni les motifs de la demande, et qui, en quatre mots, portent en ligne des créances de plusieurs millions.

La direction des contributions indirectes se trouve ensuite portée pour un arriéré de 3 millions 27,497 fr. 12 c., antérieur au 1er. avril.

Le ministère de la guerre, sous la simple désignation de dépenses diverses, demande plus de 45 millions, et plus de 13 pour son ancienne administration extérieure. Il demande plus de 83 millions pour les vivres et fourrages, plus de 50 millions pour l'habillement des troupes, et plus de 8 millions pour les remontes, quoiqu'il ait été pourvu en grande partie à ces deux derniers objets, avant 1814, par les réquisitions faites en pays étranger. On croit rêver, quand on lit de tels articles, dont le total, pour ce seul ministère, se porte à 338 millions 115,143 fr. 63 c. ! ! !

On voit dans l'arriéré du ministère de la marine un article de personnel de plus de

19 millions, un autre du matériel de plus de 79 millions; enfin, un article intitulé *Colonies*, de la somme de 42 millions 162,917 f. 82 c.

On désirerait voir dans cet article l'intention de payer une partie de ce qu'on doit aux malheureux colons; mais rien n'étant expliqué à cet égard, il est à craindre que le paiement de ces créances ne soit point à leur profit, mais au contraire à celui des hommes qui ont le plus contribué à les ruiner.

Qui croirait que l'on trouve dans ces états de l'arriéré une somme de 64,417 fr., réclamée pour les frais de bureau du ministère de la police, antérieurement au 1er. avril 1814, et celle de 79,631 fr. sur 1815? Quoi! ce ministère, si riche par ses recettes particulières, n'a pu payer ses commis! et ces pauvres commis attendent depuis près de cinq ans une partie de leurs appointemens! Pour que les frais de bureau soient plus exactement payés à l'avenir, et que la Trésorerie ne soit plus exposée à de telles demandes, il faut employer des moyens que j'indiquerai bientôt.

Nous arrivons à l'arriéré de l'ancienne

liste civile, dont une partie date de 1801, quoique la liste civile fût très-bien payée du temps de Buonaparte. Ce n'est pas sans une extrême surprise que l'on voit figurer dans ce tableau d'arriéré M. le grand-aumônier, M. le grand-maréchal, M. le grand-chambellan, M. le grand-écuyer, M. le grand-véneur, M. le grand-maître des cérémonies, M. le secrétaire, Mme. la gouvernante, et même un article intitulé GRANDE CASSETTE, qui mériterait quelque explication; Buonaparte n'ayant pas probablement laissé de fondé de pouvoir à Paris pour recevoir les paiemens dus à sa GRANDE CASSETTE.

Cette ancienne liste civile ne demandait pas moins de 6 millions, et l'on trouve dans ce même tableau qu'on l'a liquidée, *jusqu'au 1er. octobre* 1817, pour 2 millions 193,109 fr. 70 c. ! La France, l'Europe, la postérité n'apprendront pas sans étonnement que pendant que la Trésorerie paye de telles créances, celles des émigrés, de leurs femmes, de leurs enfans, sont rejetées de l'arriéré; que l'argent qu'eux ou leurs pères ont placé anciennement sur l'hôtel-de-ville de Paris, ou dans les emprunts de Louis XVI, ne leur rapporte pas le moindre intérêt, et que, malgré l'ordonnance rendue par le Roi pour la restitution des biens confisqués *et non vendus*, l'administration actuelle continue de jouir de leurs bacs, des péages qui leur avaient été concédés, et du prix des domaines qui leur avaient été engagés. On ne pourra croire que ces légitimes propriétés aient été constamment méprisées, depuis la restauration, par les bureaux des Ministres; ils les auraient même oubliées, si deux membres de la Chambre des Députés n'avaient enfin appelé l'intérêt national sur cette affreuse injustice.

Tel est cet arriéré que l'on paye sans cesse, sans que sa masse diminue : il n'était pas effectivement de 300 millions au 1er. avril 1814; il en a été payé pour une somme de 300 millions. Le Ministre le déclare, et cependant il le porte encore à 427, sans indiquer aucun autre moyen de combler cet abîme, que des liquidations, dont la forme actuelle et les résultats démontrent tous les vices.

Dette envers les Puissances alliées, avec la solde et l'entretien de leurs troupes.

Cet article est porté dans le Budget de 1816.

1°. Paiement du premier 5e. de la contribution de guerre..	140,000,000f.	270,000,000f.
2°. Pour dépense d'entretien de 150 mille hommes............	130,000,000	

Ce même article est porté dans le Budget de 1817 ainsi qu'il suit :

Subsistance et entretien des étrangers....	160,000,000f.	312,900,000f.
Paiement du second 5e. sur les 700 millions de la contribution de guerre.............	140,000,000	
A laquelle somme il faut ajouter pour excédant de dépense, motivé depuis sur le renchérissement des subsistances...........	12,900,000	

Enfin, le Ministre demande pour 1818 :

Pour contribution de guerre...........	140,000,000.	294,800,000
Et pour frais de l'occupation étrangère, à *ordonnancer par le Ministre de la guerre*........	154,800,000	

Ces variantes doivent faire naître deux réflexions.

1°. Comment se peut-il que l'armée alliée étant diminuée de trente mille hommes, la dépense d'entretien se soit portée en 1817 à 172,600,000 fr., tandis que lorsque cette armée était au complet, son entretien coûtait 42,600,000fr. de moins ?

2°. Comment se peut-il que pour 1818 l'entretien de cette armée diminuée soit encore estimé 154,800,000 fr., tandis que, d'après la première évaluation déjà trop forte, cet entretien d'une armée réduite d'un cinquième ne devrait plus coûter que 104 millions ?

Cela ne peut s'expliquer que par la manière de procéder des bureaux de la guerre. Que l'on charge les conseils-généraux des départemens où se trouvent les troupes alliées, d'adjuger les fournitures qui doivent être faites à ces troupes, les intermédiaires de Paris disparaîtront ; on n'aura plus que de véritables fournisseurs ; et ces fournisseurs partiels profiteront mieux des ressources de chaque pays, que les grandes compagnies de la capitale.

Dette constituée et Fonds d'amortissement.

Les cinq pour cent consolidés formant la dette perpétuelle s'élevaient au 1er. avril 1814 à. . . . . 63,300,000 fr.

Au 1er. octobre 1815, elle était de . . . . . . 65,393,312 fr.

Ce fonds est évalué pour 1816, dans le rapport fait au Roi par le Ministre des finances. . . . . 77,776,002 fr.

Cependant le même Ministre, dans le rapport de l'année suivante, déclare que cette dette était pour 1816 d'environ 83,000,000 f.

Au 31 août 1816, la masse des inscriptions se portait à 777,000 fr. de plus. Ce fonds fut fixé pour 1817 à. . . . . 113,400,000 fr.

Cependant le budget que le Ministre vient de présenter porte cette même dette inscrite jusqu'au 1er. novembre même année 1817, à. . . . . 120,217,411 fr.

Sans compter sept millions de rentes inscrites pour garantie du paiement de la contribution de guerre, et sans compter les rentes à créer pour subvenir aux besoins de 1818; ce qui a déterminé le Ministre à demander pour le paiement de cette dette la somme de. . . . . 140,782,788 fr.

Il faut même observer que dans cette somme, il ne compte qu'un semestre pour les rentes qui seront inscrites en 1818 par le Trésor, et qu'au bout de l'année il y aura un second semestre à ajouter à cette dette; ce qui l'élevera probablement à plus de. . . . . 148,782,788 fr.

On voit que l'augmentation a dépassé chaque année l'evaluation ministérielle.

Maintenant, si nous rapprochons ces faits de l'état du 1er. avril 1814, nous trouverons un accroissement de dette perpétuelle de 85,482,788 fr., sans compter encore l'arriéré que l'on se propose de liquider, et les sommes qu'on se propose d'emprunter à l'avenir, d'après le plan du Ministre.

Eh bien! dit-on, nous devrons en 1821 200 millions de rentes; mais qu'est-ce que c'est que 200 millions de rentes, quand on possède une bonne caisse d'amortissement? Voilà justement sur quoi il faut s'entendre.

Si la caisse d'amortissement opère par des capitaux qui excèdent les besoins de la Trésorerie et ceux de la circulation, la dette est insignifiante; fût-elle beaucoup plus forte, elle n'aurait aucun inconvénient, et la caisse pourrait nous en délivrer : c'est la position de l'Angleterre. Mais si, pour fournir 40 millions annuellement à cette caisse, l'Etat est obligé d'emprunter un capital très-supérieur, par de nouvelles créations de rentes, il est évident qu'il s'endette, au lieu de se libérer, et qu'il prive l'agriculture, les manufactures, le commerce, des sommes que l'agiotage attire sur la place de Paris ; en d'autres termes, ce gouvernement court à sa perte, comme le ferait un particulier qui, dépensant au-delà de ses revenus, voudrait se libérer de ses dettes par des emprunts annuels et usuraires. Voilà la position actuelle de la France : il y a donc plus que de la folie à comparer le fonds d'amortissement anglais au nôtre.

Ce n'est pas la première fois que l'on a voulu imiter à Paris une des plus grandes conceptions financières de nos voisins. Personne n'a vu que, malgré la ressemblance de quelques mots, notre législation est entièrement opposée à celle de l'Angleterre, et que l'on ne peut, dans la situation où nous sommes, transporter dans notre pays des institutions qui reposent essentiellement sur la liberté, ainsi que sur la juste influence des talens et des richesses. Quand la Charte sera complétement exécutée, nous aurons bientôt un bon systême de finances ; mais jusqu'à cette époque désirée, la caisse d'amortissement ne produira que des dettes, comme celles qui l'ont précédée. Le plus mince banquier le sait à merveille ; et l'on a peine à comprendre que le ministère se compromette au point de vouloir persuader au public que l'on améliore sa situation en mangeant ses capitaux.

On répondra sans doute que ce sont cependant les plus fameux banquiers qui se chargent de nos emprunts. Voilà encore ce qu'il y a de plus fâcheux pour nous. Que veulent ces banquiers ? Ont-ils associé leur fortune à la nôtre ? Leur argent suffira-t-il pour nous soutenir toujours? Cette idée n'entrera sûrement dans aucune tête raisonnable. Des banquiers ne cherchent que des droits de commission : aujourd'hui ils vous procurent les capitaux oisifs de l'étranger ; demain peut-être ils vous les retireront. Dans tous les cas, ils feront des profits. Mais que deviendrons-nous dans ce revirement de parties? Serons-nous long-temps en état de payer ces rentes, ces commissions, ces arriérés, ces énormes frais de négociations qui s'accroissent sans cesse, et qui, dans le cas le plus favorable, augmenteront des taxes que nous sommes, de l'aveu des Ministres, hors d'état de payer? Est-ce ainsi qu'administrait Sully? Est-ce ainsi que M. Pitt s'est illustré? Sully était économe ; mais il savait favoriser l'industrie : M. Pitt semble avoir tout prodigué; cependant, si on y regarde de près, on voit que toute son administration ne fut qu'un placement immense des forces capitales de sa patrie. Sully a gouverné dans l'esprit de son siècle : Pitt a profité de toutes les lumières du sien. Mais nous, je le demande, où allons-nous? L'Europe savait bien que le gouvernement français n'était pas habile en finances; mais pouvait-on s'attendre au scandale, aux ravages que produisent depuis trente ans les mesures financières de nos Ministres?

Dotation de la Liste civile.

Il y aurait, dans l'intérêt de la Couronne et dans celui de la Trésorerie, d'importantes observations à faire sur ce chapitre ; mais le Roi, mais son auguste famille font un si noble usage de leurs biens, qu'on doit se fier à leur magnanimité. Un Roi de France doit donner souvent : combien de malheureux n'a-t-il pas secourus ? Combien de malheureux n'a-t-il pas à secourir ?

Dépenses des ministères et des administrations.

Que dire sur ce sujet, lorsque l'on voit que les dépenses des Ministres augmentent chaque jour, et que, malgré les cris de l'opinion, malgré les désirs du Monarque, ils ne veulent faire aucune économie réelle, et dépassent chaque année les crédits qui leur sont accordés par les Chambres ?

La dépense de tous les ministères avait été évaluée à 338 millions 500 mille francs par le budget de 1816 ; cependant la loi du 28 avril l'avait fixée à 345 millions. Malgré cette singulière générosité des Chambres, cette dépense s'est élevée à 383 millions.

Le budget de 1817 a porté cette dépense à 390 millions. Elle s'est élevée à plus de 495, sans compter 18 millions 900,000 fr. de crédit supplémentaire demandé pour l'acquit des dépenses extraordinaires ; ce qui prouve qu'on n'avait bien calculé aucune des grandes divisions du budget.

Le budget de 1818 porte la dépense ordinaire des ministères à 500,193,600 fr., et les dépenses extraordinaires à 312,268,422 fr.

Qui pourrait croire ces faits? Qui pourrait concevoir cette augmentation continuelle de dépense, lorsqu'on ne parle que de suppressions, lorsqu'une grande partie des travaux publics est abandonnée, et que l'armée, la marine, les colonies ne présentent aucune force suffisante?

Il faut avoir les tableaux ministériels sous les yeux, pour se convaincre qu'une telle administration existe, et qu'elle ne songe à faire aucun plan raisonnable. Les abus que les Ministres ont fait naître ou tolérés, sont conservés, sans songer que la loi de la nécessité presse le Gouvernement, et le force de changer de chemin. Après avoir attentivement examiné ces tableaux, n'aurait-on pas le droit de demander à quoi servent les budgets; si les Ministres peuvent faire un tel usage de l'argent du public, et peuvent dépenser habituellement au-delà des sommes qui leur sont accordées par la loi?

Voyons si les administrations financières sont plus économes.

Administration de l'enregistrement et des

domaines, compris les forêts. L'état de ses dépenses, pour l'année 1815, se porte à 20 millions 403,857 fr. 17 c.

Ce total a été peu différent pour 1816. Mais comme on a compris dans les dépenses de cette administration plusieurs articles qui devraient lui être étrangers, et que, d'autre part, ce compte ne peut mentionner les frais que cette administration occasionne aux contribuables, il est difficile de se faire une idée juste de la charge totale qu'elle fait peser sur la nation pour ses frais de régie. Cette administration, guidée par des lois sévères, est généralement exacte, exempte de prodigalité : on ne peut cependant évaluer les dépenses qu'elle prélève sur ses recettes, au-dessous de 20 millions, ci. 20,000,000fr.

L'administration des contributions indirectes porte ses frais pour 1815 :

1°. Frais généraux de régie.	19,955,300f.
2°. Frais d'exploitation.	9,684,900
TOTAL. . . .	29,640,200f.

En 1816, les dépenses de cette

20,000,000fr.

Ci-contre. . 20,000,000fr.

administration ont été augmentées, et se sont portées à.. 30,200,582 f.

Différence peu considérable en apparence, mais très-importante dans le fait, parce qu'elle prouve que l'on n'a point simplifié cette administration, qui coûte, en outre, des sommes considérables au peuple, par les frais de poursuites qu'elle occasionne, par ses amendes et par ses capitulations secrètes. On doit compter ces objets pour *Mémoire.*

Les frais ordinaires de cette administration ne seront mis en ligne que pour... 30,000,000

L'administration des douanes et des sels porte ses dépenses

De 1815, à. 23,623,979 f. 3
Et de 1816, à. 23,685,258 50

Cette administration entraîne aussi une foule de faux frais : cependant nous ne

50,000,000fr.

De l'autre part. 50,000,000fr.

compterons la charge annuelle de ses dépenses que pour. 23,000,000

L'administration des Postes porte ses dépenses :

De 1815, à. 10,158,692 f. 98

Et de 1816, à. 9,348,208 88

Cette administration est généralement bien conduite; on pourrait cependant y opérer des économies et des bonifications de revenu. On ne comptera les frais que pour. 9,000,000

L'administration de la Loterie porte ses dépenses :

En 1815, à.... 3,188,836 f. 55

En 1816, à.... 3,938,529 53

C'est près de la moitié du produit net. La loterie dite Royale de France a toute sorte d'inconvéniens ; rien n'est plus urgent que d'en changer la forme, et de donner un meilleur emploi

82,000,000fr.

Ci-contre.	82,000,000fr.
aux fonds qui en provien-viennent (1).	
Frais ordinaires par a-perçu.	3,500,000
Les frais de l'administration des salines de l'est et ceux des hôtels des monnaies peuvent être évalués par aperçu.	500,000
Nous n'avons pas encore les comptes de l'exercice de 1817; mais on voit, par le relevé précédent, qu'aucune des administrations financières n'a fait de véritables économies, et qu'elles ont au contraire augmenté leurs dépenses, excepté l'administration des postes.	
Voyons maintenant ce que coûte l'administration	
	86,000,000fr.

(1) J'ai donné dans mes précédens ouvrages les moyens d'opérer ces changemens.

De l'autre part. 86,000,000fr.

des finances et l'administration départementale.

L'administration des finances est portée :

Au Budget de 1816, pour....... 16,000,000f.

Au Budget de 1817, compris le cadastre, pour....... 16,700,000

Au Budget de 1818, pour....... 15,136,000

Nous prendrons cette dernière évaluation comme la plus faible, ci. 15,136,000

. Il faut ajouter les frais de contrainte qui sont la suite de notre systême financier. Ces frais se sont élevés, dans plusieurs années, à plus de 30 millions. Un rapporteur déclara même à la tribune, en 1800, que ces frais s'étaient portés à plus de 50 millions. Je ne les considérerai que comme une charge annuelle de. . . 20,000,000

121,136,000fr.

Ci-contre. 121,136,000fr.

L'administration départementale coûte au-delà de 8 millions, compris le loyer et l'entretien des hôtels de préfecture, ci. 8,000,000

TOTAL. . . . . . . 129,136,000fr.

A quoi il faut ajouter les appointemens, traitemens, retraites, pensions, indemnités de cette foule de commis qui remplissent les bureaux des Ministres, des préfets, sous-préfets, des maires, des administrateurs d'octrois municipaux, les greffes, etc., etc.

Plus, les traitemens des receveurs généraux, des receveurs d'arrondissement et des percepteurs ; dépense immense. Une partie de ce premier article est comprise dans la dépense des ministères; il est cependant nécessaire de la mentionner, pour sentir la nécessité de simplifier une administration qui coûte plus que celles de toutes les autres parties de l'Europe, ci. . . 129,136,000 fr.

L'entretien annuel des agens non compris dans les

129,136,000 fr.

De l'autre part.	129,136,000fr.
dépenses ministérielles, ne saurait être estimé moins de	24,000,000
TOTAL.	153,136,000fr.

Afin de prouver qu'il n'y a point d'exagération dans cet aperçu, je pourrais citer une foule de pièces publiées officiellement. Je me bornerai à dire que le Ministre actuel des finances convient que les frais de perception peuvent être estimés 19 $\frac{1}{4}$ p. % sur les administrations financières : il ne compte ni les amendes, ni les frais judiciaires, ni les frais de contrainte. Admettons cependant cette évaluation pour la totalité des taxes, en estimant leur produit brut un milliard, et l'on trouvera que les frais d'administration et de perception doivent coûter à pe up rès 200 millions par an. Je crois donc pouvoir affirmer que la bureaucratie absorbe le tiers du revenu net de la Trésorerie. Le Ministre déclare cependant qu'il y aurait plus que de la rigueur à reprocher aux régies un excès de dépense ; il assure qu'on ne peut porter plus loin les retranchemens et les réformes. En voilà assez pour donner une idée de notre administration économique.

Ce même Ministre évalue le montant des retenues à 13 millions, et la majeure partie de ces traitemens ne supporte pas un vingtième de retenue : il est donc évident que la bureaucratie est en possession de la meilleure partie du produit du royaume (*).

Qui pourrait croire que le Ministre des finances ait dit dans le même rapport, pages 77 et 78, qu'il supposait que les dépenses se maintiendraient en 1818, 1819 et 1820, au taux où il les évaluait pour 1817, et qu'il soit parti de cette fausse donnée, pour déclarer qu'en 1830 la masse des impôts pourrait être diminuée de 100 millions? Si le Ministre se souvient de cette étrange assertion, et qu'il jette les yeux sur la dépense de 1817, et sur les augmentations qu'il propose pour 1818, il sera probablement fort étonné.

On se demandera peut-être comment le ministère conserve une machine si dispendieuse et des traitemens aussi forts que ceux des principaux employés du gouvernement ? La réponse dérive de notre état ordinaire : la plupart des abus sont cachés avec soin par ceux qui en profitent; on ne

(*) *Voyez* à l'Appendice.

peut les découvrir qu'avec une peine extrême et sans fruit. Les Ministres ignorent la plupart de ces abus, au moins autant que le public; ils ont trouvé cette machine établie, et la plupart n'ont ni la volonté, ni le pouvoir, ni le temps de la changer.

Mais les Chambres, dira-t-on, ont un intérêt direct à s'opposer au désordre. Sans doute; mais que d'obstacles ne leur a-t-on pas opposés? Quels cris n'a-t-on pas poussés, quand des hommes vertueux ont proposé le moindre changement ? Ces Chambres d'ailleurs étaient entraînées par leur zèle pour la monarchie; on leur dissimulait les ressources, on chargeait le tableau des besoins: elles ont adopté de confiance ce qui leur a été proposé. Aujourd'hui elles ne peuvent, elles ne doivent croire que sur des faits. Le temps des illusions est passé.

Dépenses imprévues pour l'achat des subsistances.

Il est reconnu depuis long-temps qu'un grand état ne doit obtenir sa subsistance que de son agriculture; que l'importation des grains étrangers ne peut lui être d'aucune utilité, et que cette importation lui est toujours funeste. L'expérience a constamment prouvé la vérité de cette maxime; l'on n'aurait pas dû l'oublier en France, et que M. Necker avait produit une disette momentanée de 1788 à 1789, en important, dans un temps d'abondance réelle, un million de quintaux de divers blés, qui coûtèrent quarante millions en numéraire.

Le ministère vient de renouveler la même faute. Les récoltes de 1816 avaient été contrariées par des pluies trop abondantes; mais la quantité des grains était considérable. Les bestiaux étaient nombreux; jamais la culture des pommes de terre n'avait été plus étendue; les cultivateurs n'avaient aucune inquiétude; et le discours émané du trône, à l'ouverture de la session, avait confirmé la tranquillité publique sur les subsistances, lorsque le ministère jugea à propos de donner des commissions pour faire arriver des blés de l'étranger, et de faire annoncer pompeusement dans les gazettes la quantité de kilogrammes ou de livres qui entrait dans nos ports. A l'instant le commerce intérieur, justement accoutumé à la défiance, dut interrompre la majeure partie de ses opérations; aucun négociant ne fut tenté de lutter contre une pareille concurrence; tous sentirent que les nombreux agens de l'administration voudraient être maîtres du cours des marchés. Dès lors les commerçans ne songèrent plus qu'à obtenir des commissions ou des primes; les places de l'intérieur du royaume furent livrées à une nuée de petits accapareurs; le resserrement des grains, leur prix élevé fortifiant les inquiétudes semées par la malveillance, produisirent des émeutes, et les gens paisibles ne retrouvèrent leur repos que lorsqu'on eut atteint la moisson. Alors il fut bien démontré que le Gouvernement s'était alarmé sans motif, puisqu'aucune partie du royaume n'avait éprouvé la famine, *malgré les fautes que l'on avait faites*.

Chose étrange! Le ministère se vante aujourd'hui des secours qu'il nous a donnés; à l'entendre, ce sont ses soins qui ont prévenu le désespoir, la mort d'une foule d'individus. Voyons donc ce qu'ont fait les Ministres pour nourrir ce peuple nombreux.

On vient de distribuer aux Chambres un rapport fait par le Ministre de l'intérieur, duquel il résulte que le Gouvernement a fait introduire en France, de 1816 à 1817:

1°. 868,000 hectolitres de blé de différente nature.

2°. 34,000 sacs de farine.

Sur ces achats, 360 mille hectolitres seulement ont été distribués dans les départemens; le reste a servi à la consommation de Paris.

La population du royaume, non compris celle de la capitale, se porte, dit-on, à 27 millions d'habitans, dont la consommation annuelle est évaluée 108 millions d'hectolitres, à raison de quatre hectolitres par tête. Ainsi, le Ministre a importé dans les départemens A PEU PRÈS UN JOUR ET DEMI DE SUBSISTANCES. Or, personne ne peut douter que les marchés, lorsqu'on a fait la moisson, ne fussent approvisionnés pour beaucoup plus d'un jour et demi. La preuve résulte de faits évidens. Si l'approvisionnement n'avait point été complet, on aurait coupé des blés avant leur entière maturité; on n'aurait vu ensuite que du blé nouveau dans les moulins; la famine aurait fait hausser considérablement le prix de la viande. Rien de tout cela n'est arrivé; il y a eu au contraire une diminution sensible dans les marchés aux approches de la moisson. Donc les ressources provenant de notre sol étaient suffisantes; donc l'importation misérable de 360 mille hectolitres dans les départemens était entièrement inutile (1).

Le ministère ne pouvait avoir en vue que l'approvisionnement de la capitale. Mais ici se présente une observation importante : le Ministre évalue les frais de manutention, jusqu'au 31 janvier, pour ces grains importés; il est d'ailleurs notoire que des distributions de farines étrangères ont été faites aux boulangers de Paris postérieurement à la moisson. Donc les grains ne manquaient pas;

---

(1) Le Ministre paraît effrayé lui-même des résultats de son opération; il avoue que la petite quantité de grains importée n'a pu produire un grand effet sur la masse des denrées en circulation. Mais à raison, dit-il, d'une livre de pain par individu de tout âge, ces grains ont dû suffire à la nourriture de plus de seize cent mille individus pendant un mois. Il ne s'agissait pas de la subsistance de seize cent mille individus; il s'agissait du supplément de celle de 27 millions d'ames. Et puis, où le Ministre a-t-il vu que la consommation de pain ne s'élève en France qu'à une livre par tête? N'est-il pas bien connu que les habitans des campagnes, qui forment la majorité de la population, en consomment à peu près le double?

donc on a mal calculé l'approvisionnement de Paris ; donc il valait mieux laisser faire le commerce, que de charger une commission de cet approvisionnement (1); donc la

---

(1) Le Ministre déclare que l'incertitude de la législation et les principes dangereux des administrations précédentes n'ont pas permis au commerce de se livrer avec sécurité aux opérations sur les grains. Cela est facile à comprendre. Mais qu'a-t-il fait pour établir cette sécurité? A-t-il proposé d'améliorer cette législation? A-t-il régularisé la forme de son administration? A-t-il réclamé les avis des propriétaires, des fermiers, des négocians? Il a suivi la marche du gouvernement impérial ; il a cherché à se rendre maître du cours des grains par des versemens extraordinaires.

Ses agens ont voulu approvisionner Rouen, Bordeaux et *l'Alsace*, par Marseille : *chose inouie* ! Il a fait acheter des blés à tout prix à Naples, à Livourne, à Gênes, à Odessa, en Amérique, en Russie, en Hollande, en Angleterre ; il voulait en acheter à Maroc ; il achetait même en France, et faisait porter à la halle par ses vendeurs ; *ruse admirable sans doute, mais qui ne pouvait qu'augmenter les prix*, par l'entremise inutile des agens du gouvernement. On faisait voyager les grains par les coches, par les fourgons de l'artillerie. Les troupes, la gendarmerie, les préfets, les maires étaient continuellement en action. Ces mesures étaient-elles capables de produire la sécurité du commerce ?

totalité de l'opération est plus que fautive. Voyons maintenant ce que cette étrange entreprise coûte au trésor, indépendamment des agitations qu'elle a occasionnées.

Les achats de grains se montent, avec les assurances, le fret et autres accessoires, à. .	49,669,536 fr.	83 c.
Les farines ont coûté	11,611,537	34
TOTAL des achats.	61,281,074	17
Plus, pour frais de manutention. . . .	4,297,123	1
Plus, les frais de transport et de revente évalués.	4,412,602	82

Ce qui forme un total d'à peu près 70 millions :

Sans compter l'intérêt de ces fonds empruntés ; sans compter six millions de primes payées par l'administration des douanes ; sans compter enfin les indemnités accordées aux boulangers de Paris, qui s'élèvent à 24 millions. Ainsi, cette malheureuse opération a constitué l'Etat en dépense DE PLUS DE CENT MILLIONS. On assure que cinq septièmes des prix d'achats sont rentrés ; mais qui pourra justifier le ministère aux yeux de la France, aux yeux de l'Europe, de s'être laissé égarer à ce point *dans le siècle des lumières?*

On dira peut-être qu'il valait encore mieux se procurer cette faible augmentation de subsistances, que de se priver de ce secours. Sans doute il aurait fallu acheter à tout prix, si l'importation avait été nécessaire; mais les faits prouvent qu'elle était insignifiante, inutile, ruineuse, et qu'elle ne produisait que le désordre. Que faisait le gouvernement anglais à cette époque, lorsque l'Irlande était menacée d'une disette réelle ? il laissait faire le commerce, et le commerce anglais nous vendait des farines.

Que faisait le gouvernement hollandais? Il refusait de défendre l'exportation, et permettait qu'on nous vendît des grains dans ses ports.

Que faisaient l'Italie, la Russie ? Elles se conduisaient par les mêmes principes : il n'y a donc que l'administration française qui ait toujours eu la rage de se mêler d'une foule de choses dont le soin n'appartient qu'au public. Si, au lieu d'envoyer nos capitaux chez l'étranger, le Gouvernement s'était borné à exciter tous les travaux utiles, par l'immense somme qu'il a si mal employée, le peuple aurait eu de l'emploi, de bons salaires, il n'aurait pas manqué de pain, et la France, au bout de l'année, aurait vu ses ponts, ses chemins, ses canaux multipliés, ou du moins réparés.

Frais de négociation.

On connaissait à peine cette dépense avant la révolution; et l'on voit dans les comptes de M. Necker que tout le service du Trésor royal ne coûtait, sous son administration, qu'environ deux millions. Maintenant la même administration coûte près du triple, et nécessite des frais de négociation qui étaient :

Pour les 9 mois de 1814, d'environ 6 millions ;

En 1815, de. . . . . . 14 millions.

En 1816, de 16,449,160

En 1817, de 22,796,000

et pour lesquels on demande en 1818 dix-huit millions, sauf sans doute à couvrir l'augmentation progressive par les moyens qui tiennent à l'administration secrète de la Trésorerie. Sur ces frais de négociation, est comprise, dit le Ministre, la *prime de 4 à*

5 millions payée chaque année aux receveurs généraux et particuliers. Il propose de prendre cette prime, à compter de 1818, *sur le produit brut des impôts ;* ce qui égalerait déjà les frais de négociation à ceux de l'année dernière, et serait une véritable surcharge pour les contribuables. Le Ministre dit ensuite qu'il faut, sur ces frais de négociation, payer trois millions à la Banque, pour le service de la dette perpétuelle et de l'amortissement. Voilà qui est fort étrange ; ce service n'est point considérable pour la Banque, et peut au contraire lui être très-profitable, pour animer la circulation de ses effets. Dans tous les pays, les banques sont disposées à faire des avances à peu près gratuites au Gouvernement, pour obtenir sa faveur, et le Ministre a grand tort de se targuer d'un prétendu crédit qui nous coûte trois millions par an.

On voit, au surplus, que le Ministre sent lui-même le scandale que causent ces énormes frais de négociation : aussi nous donne-t-il l'espoir de les réduire par la réduction du passif des caisses ; *dette illégale*, QUI JUSQU'A PRÉSENT NE CESSE D'AUGMENTER.

Ces frais de négociation, qui ne sont ordinairement occasionnés que par des anticipations ou autres opérations secrètes, seraient inutiles, si les sorties de la Trésorerie étaient habituellement proportionnées à ses rentrées, et si elle avait un compte courant avec la Banque. Alors les agioteurs ne feraient plus de fortunes scandaleuses; alors les billets du Trésor rendraient ici le même service que les billets de l'Echiquier en Angleterre; la circulation cesserait d'être entravée; toutes les dépenses pourraient être payées à jour; toutes les parties de la comptabilité seraient claires, et le Gouvernement ne serait jamais au-dessous de ses besoins *réels*. Dans l'état actuel des choses, on doit s'attendre que les frais de négociation continueront d'augmenter chaque année, et que les comptes de cette dépense n'obtiendront ni la clarté ni la publicité qu'ils doivent avoir.

Je sais que les moyens que j'indique ne peuvent être convenablement employés que sous le régime de la liberté; je sais qu'on ne peut rien établir en finance, tant que le gouvernement représentatif ne sera pas mis en action dans toutes ses parties. Il faut donc commencer par exécuter la Charte, si l'on veut avoir un meilleur systême.

Les Chambres ne peuvent se dispenser de porter la plus sévère attention sur les frais de négociation.

DETTE APPELÉE PASSIF DES CAISSES.

Depuis long-temps la Trésorerie obérée emprunte à tout prix, pour faire face à des extensions de besoins qu'elle ne prévoit jamais, et qu'elle a rarement le moyen de satisfaire, faute de savoir établir un bon système de crédit et de circulation. Il faut lire tout ce qui a été publié en France sur les finances; les édits bursaux des derniers règnes, et surtout les budgets publiés depuis le fameux compte rendu, pour se faire une idée de l'imprudence et de l'incapacité de la plupart des hommes qui ont gouverné les finances depuis Colbert. Dans l'impossibilité de régulariser une machine si désordonnée, les Ministres ne cessaient d'emprunter, sans pourvoir même au paiement des intérêts.

La révolution parut; elle changea beaucoup de choses, mais elle ne put donner des talens aux Ministres, ni corriger l'esprit de leurs bureaux, parce que les factions qui se succédèrent s'opposèrent constamment à la liberté de la presse, et que les factions ne songeaient qu'au profit de leur clientelle. Le pouvoir absolu, l'ignorance continuèrent ainsi de diriger nos destinées. Il s'était cependant opéré un grand changement dans la nature des obligations du Trésor. Avant 1789, on empruntait ordinairement avec promesse de rembourser à des époques indiquées, et l'on remboursait très-mal. Les revolutionnaires, quoique fort inhabiles, comprirent qu'il était plus simple de ne rembourser jamais, et de porter sur le grand-livre les créances que l'on ne pouvait payer. On donna alors aux porteurs des effets publics les plus grandes facilités pour les négocier : la dette fut constituée en rentes transmissibles sans frais, et l'on créa une caisse *nommée* d'amortissement, destinée à soutenir le prix des rentes. Mais comme cette opération, quoique sage en apparence, ne permettait pas d'avouer tous les besoins sous un gouvernement qui ne pouvait les borner, on revint secrètement aux emprunts à terme. Ces emprunts devaient être très-minces dans un pays où l'argent est rare, et où la plupart des affaires ne se font qu'en numéraire. Il fallait en conséquence rendre souvent d'une main ce que l'on empruntait de l'autre. L'Etat perdait toujours dans ces reviremens; mais on atteignait ainsi le moment où l'on pouvait se délivrer d'une partie de ces obligations. C'est ainsi que s'est formée la dette désignée par le Ministre sous le nom de *Passif des caisses*. On conçoit que cette dette ait été nourrie et augmentée sous l'empire extravagant de Bonaparte; mais il est difficile de comprendre qu'elle ait pu subsister depuis la restauration : la forme du Gouvernement établi par la Charte ne permettant plus d'emprunter sans l'autorisation des Chambres, parce que des emprunts amènent nécessairement des taxes, et que l'on ne peut établir des impôts sans le consentement des trois branches de la puissance législative. Il est donc bien évident que toute l'augmentation donnée depuis la restauration à la dette appelée *Passif des caisses*, a besoin d'être légalement autorisée, et que le ministère est responsable non-seulement de l'emploi des fonds obtenus par ses emprunts secrets, ou nouveaux arriérés, qu'il désigne sous le nom de *Passif des caisses*, mais encore d'avoir endetté la Trésorerie de cette manière. Aucune circonstance n'a pu l'autoriser à agir en sens inverse de la constitution, d'autant plus que les Chambres, loin de refuser les sommes demandées pour le service public, ont constamment accordé des crédits supérieurs à la demande, *et très-supérieurs aux besoins réels.*

Au 1er. octobre dernier, le passif des caisses se trouvait élevé à plus de 200 *millions.* Le Ministre avoue qu'il est encore de plus de 149.

RÉSUMÉ SUR LES TROIS DERNIERS BUDGETS.

On ne peut douter aujourd'hui que les budgets proposés depuis la restauration n'aient constamment exagéré les besoins, atténué les ressources, et que l'administration n'ait constamment plaidé pour le maintien des abus. Il vient d'être démontré par l'ensemble de ces budgets :

1°. Que les ressources extraordinaires ont été presque doubles des dépenses extraordinaires;

2°. Que l'arriéré dépasse cependant aujourd'hui son *montant effectif* au 1er. avril 1814;

3°. Que l'entretien de l'armée alliée coûte

beaucoup plus cher que lorsque cette armée était plus forte d'un cinquième ;

4°. Que la dette constituée est plus que doublée depuis le 1er. avril 1814 ;

5°. Que la dépense des ministères, au lieu de présenter des économies, présente des augmentations de dépense, et que plusieurs Ministres ont habituellement dépassé les crédits qui leur étaient ouverts ;

6°. Que les achats de subsistances étaient inutiles, qu'ils ont gêné le commerce, troublé la tranquillité publique, produit l'exportation de notre numéraire, et qu'ils occasionnent une perte immense au Trésor ;

7°. Que les frais de négociation augmentent chaque année dans la plus effrayante progression, et que cette dépense, inutile dans un bon système de finance, n'est susceptible d'aucune modération, ni d'aucune comptabilité régulière dans le nôtre ;

8°. Que la dette exigible, appelée *Passif des caisses*, augmente également sans autorisation régulière, *sans contrôle*, et qu'elle s'est accrue de plus d'un quart depuis le 1er. avril 1814 ;

9°. Que bientôt il n'y aura plus de bois

domaniaux à vendre, et que notre amortissement est illusoire ;

10°. Il est prouvé enfin que nos taxes sont forcées par des centimes de tout genre; que les frais de perception sont immenses, que nos emprunts touchent à leur terme, et que l'usure, ainsi que la ruine de l'agriculture et du commerce, sont les résultats nécessaires de ces taxes insensées et de ces emprunts irréguliers.

Une administration qui, en si peu de temps a fait tant de choses contraires à l'intérêt national et à l'intérêt personnel des Ministres, doit nécessairement porter en elle-même une cause de mort. Cette cause est l'incohérence des diverses parties de la législation par laquelle on veut nous régir.

La Charte déclare que les personnes sont libres, les propriétés sacrées; et le ministère par des lois de circonstance, qui appartiennent presque toutes à la révolution, peut disposer de nos personnes et de nos biens !

La Charte veut que la presse soit libre, et les journaux sont esclaves !

La Charte statue que les Ministres sont responsables; ils exercent un pouvoir sans bornes sur leurs dépenses, et délèguent journellement ce pouvoir à des préfets, à des ordonnateurs, à des subalternes qu'ils ne connaissent pas, et ne peuvent surveiller !

Il est facile de concevoir que la forme de l'administration actuelle se soit établie sous Bonaparte, qui décidait les affaires par la puissance du glaive, et qui croyait multiplier ses partisans, en multipliant les emplois inutiles. L'art de gouverner était alors très-facile : on prenait de l'argent partout où l'on en trouvait; quand les impôts ne suffisaient pas, on faisait des réquisitions en nature; on mettait les fournisseurs à l'arriéré; on consolidait les créances par des banqueroutes, ou l'on fermait la liquidation; on faisait taire les mécontens par la force, et les gazettes recevaient tous les jours l'ordre de vanter ce gouvernement paternel, magnanime, *pacificateur*. Un beau matin, le colosse aux pieds d'argile s'est écroulé, trop heureux de trouver un refuge à bord d'une frégate anglaise ! Mais il nous a laissé cette bureaucratie qui veut vivre éternellement de nos dépouilles, qui appelle sans cesse à ce partage ses frères, ses amis, ses neveux;

et cela sous un régime constitutionnel, o' l'on ne peut cacher aucun abus, aucun faute, et où les fautes doivent être sévère ment punies.

Au surplus, ce ne sont pas seulement les commis qui cherchent à justifier le désordre : une foule d'aspirans à la faveur environne les Ministres, ils leur persuadent que nos maux ne viennent que de circonstances passagères, que tout va aussi bien que possible ; il est même probable qu'on leur dit qu'on les approuve; du moins déclarent-ils *qu'ils ont la conscience d'avoir fait tout ce qu'exigeait leur devoir*. Il est triste de combattre une si douce idée; mais les Ministres ne peuvent ignorer que les flatteurs ne sont jamais des amis (1).

---

(1) Dans le nombre des hommes qui se trompent eux-mêmes par suite de l'habitude de présenter les choses sous un jour favorable, il faut distinguer un membre de la Chambre des Députés qui a long-temps administré les finances de la révolution, et dont l'opinion pourrait être de quelque poids auprès des personnes qui supposent qu'un ancien Ministre doit avoir connu son ministère. Cet ancien Ministre nous a déclaré sérieusement, dans son opinion sur le Budget de 1817, que les moyens proposés présentaient l'ex-

Eh bien ! qu'ont fait les Ministres, depuis qu'ils se sont assurés de la majorité dans les Chambres, de la censure sur les journaux, et de la soumission aveugle des agens de l'administration ? Ont-ils calmé la haine des

---

tinction, en 1830, de 180 millions de rentes. Il est vrai qu'il exige que ces moyens soient garantis *par un excédant de revenu ordinaire sur les dépenses annuelles*, et c'est justement cet excédant que ni lui ni ses successeurs n'ont jamais trouvé. Il assure ensuite que la France a le droit de se présenter dans la carrière du crédit avec l'assurance que doit donner sa loyauté; il est vrai qu'il avait dit d'abord : *après avoir rempli toutes les conditions que la confiance réclame*. Il prétend que la France ressemble à un riche héritier qui, grevé de quelques charges temporaires, entreprend d'affranchir son héritage par des opérations sagement combinées : mais si par hasard, ces opérations, au lieu d'être sages, étaient tout à fait folles; si la maladresse du pouvoir, l'obscurité des comptes et des liquidations; la disproportion des recettes et des dépenses, ruinaient chaque jour de plus en plus l'héritage, l'héritier et ses créanciers ! Il voit ensuite beaucoup de mesure dans la fixation des dépenses ordinaires, qui suivant lui, ne présentent pas même un total de 297 millions pour les frais de gouvernement et d'administration. Comment a-t-on pu, s'écrie alors l'ex-ministre, faire espérer sur cette faible somme des éco-

factions ? Ont-ils fait aimer l'autorité légitime ? Ont-ils favorisé l'agriculture, les manufactures, le commerce ? Ont-ils simplifié le système de notre législation ? Ont-ils amélioré l'administration intérieure et l'état

---

nomies calculées par plusieurs centaines de millions ? Que doit-il dire aujourd'hui, en voyant que le ministère propose de fixer à 410 millions les dépenses ordinaires de 1818, en outre de ses prétendues dépenses temporaires, qui passent 90 millions ?

C'était cependant sur des données si opposées que l'ancien administrateur en chef dont j'analyse l'écrit, déclarait, l'année dernière, à la Chambre des Députés, que nous pouvions d'autant mieux montrer la véritable situation de nos affaires, *que nulle part on ne peut en trouver une plus rassurante*. La diminution des dépenses temporaires et les augmentations du produit des contributions indirectes lui paraissaient *des avantages dont l'évidence ne pouvait être contestée*. Il oubliait l'augmentation rapide de toutes les parties de la dette publique, la diminution de la valeur vénale du territoire, faute de capitaux circulans ; enfin, la diminution de consommation avouée par le ministère. Il allait plus loin encore, il soutenait qu'après avoir satisfait aux allocations nécessaires, le revenu ordinaire de 1817 excéderait de 73 millions la dépense ordinaire. C'est le *minimum*, disait-il, de nos ressources au-delà des besoins ; il en était convaincu : mais

de nos finances ? Ont-ils exécuté la Charte ? En un mot, ont-ils fait quelque disposition qui indique un plan général, et la volonté d'assurer la prospérité des intérêts nationaux?

---

voilà le Budget pour 1818, dans lequel on trouve, au lieu de cet excédant, la demande d'un nouveau crédit de 32 millions! Cela est embarrassant, d'autant plus qu'il approuvait surtout, et avec raison, la disposition de la loi qui ne permet plus aux Ministres de dépasser les crédits qui leur sont accordés. Ces Budgets imprimés sont véritablement des témoins incommodes : ne pourrait-on pas les supprimer? Sans cela, que deviendront bientôt les illusions, les vaines promesses ? Il est déjà difficile de propager les unes; et si l'on allait être forcé de tenir les autres!

Afin d'être bien en régle sur cet excédant, je dois dire que le Ministre des finances le porte, dans son dernier discours, à 4,182,644 fr. ; mais il part de la négociation totale du crédit de 30 millions en rentes. Ainsi, le malheureux excédant, *le superbe minimum* ne se retrouve plus, et l'on voit au contraire à sa place un accroissement de huit millions *dans les dépenses temporaires, indépendamment des crédits excédés.*

J'ai dû revenir sur plusieurs choses dans cette note, parce que je suis convaincu que beaucoup de personnes disent, comme l'ex-ministre dont je viens de citer l'écrit : Espérons. Eh! *qui ne connaît le pouvoir de*

Ils nous répondent que les circonstances n'ont pas été favorables ; à chaque budget, on dit aux Chambres : *Encore cet effort, Messieurs, et la France est sauvée.* Les

---

l'espérance sur l'imagination! On ne s'attendait guères à trouver cette phrase dans un ouvrage de calcul, où tout doit être rigoureux, ou du moins probable. On avait entendu parler depuis peu du *moral* de nos finances, du *compte moral* d'une caisse. « On nous avait dit » que *l'union* et la *concorde* sont les véritables ressorts de » notre puissance; que nos enfans ne nous reprocheront pas d'avoir à payer les intérêts *dont nous aurons* » *fourni les capitaux*; que la vérité ne doit pas être » déguisée; *que nous tirerons de la nécessité de nous en-* » *detter celle de nous enrichir*; que les Ministres con- » naissent les vœux dominans qui constituent notre « esprit public, et qu'ils y répondront; que nous » avons un excédant notable sur nos dépenses or- » dinaires, et un vide *qui sera peut-être moindre* de » 500 millions en 1819; enfin, que des voix discor- » dantes éloigneraient le crédit, si la confiance était » combattue par des doutes que le respect doit inter- » dire, etc., etc., » (*phrases des divers discours et rapports de S. Exc. le Ministre des finances*). Mais l'espérance et l'imagination n'avaient jamais paru propres à faire un calcul raisonnable. Il est à craindre que ce *maximum* de ressources ne soit bientôt aussi insignifiant que le *minimum*.

Chambres consentent, et l'année d'après la France est encore plus en danger. Naguères on sauvait aussi la patrie tous les mois. Que sont devenus les auteurs de tant de promesses ? Ce n'est qu'à la justice et à la liberté qu'il appartient de bien faire. Rien n'est en souffrance, disent les Ministres; grâce au généreux courage de la nation, tous les engagemens ont été remplis. Fort bien ! vous avez payé très-exactement les fournisseurs de Bonaparte, les agioteurs de tous les temps et de tous les pays. Ceux-ci, pour vous prouver leur reconnaissance, ont soutenu le cours des effets publics, *afin de les mieux vendre à leur profit.* Mais quand la masse de ces effets sera telle, que la difficulté de payer sera devenue *impossibilité*, les étrangers, acquéreurs d'une partie de notre dette publique, ne chercheront-ils pas à retirer leurs capitaux ? Qui pourra calculer alors la rapidité du mouvement de la place et l'effet d'une telle secousse ? Les contribuables ne pourraient-ils d'ailleurs représenter très-humblement au ministère que c'était d'eux qu'il fallait s'occuper d'abord, et que l'on ne pourra développer la richesse nationale, tant que les terres et les personnes succomberont sous des taxes mal assises et sans bornes? On ne peut tout faire à la fois, disent les heureux du jour; mais il faudrait au moins commencer par le commencement. Avec l'excuse continuelle de la difficulté des circonstances, on rejette de fait toutes les améliorations, et l'on ne pourvoit à rien de sage.

Les faits accusent les Ministres; il est urgent de les ramener. Mais comment ramener des hommes qui ne veulent pas abandonner le chemin des abîmes? Comment l'opinion pourrait-elle secourir un ministère qui s'étonne qu'on lui oppose la moindre contradiction, qui déclare *que le respect doit interdire tous les doutes*? Comment enfin ce ministère pourrait-il ne pas périr, lorsqu'il prend pour ses conseillers, les conseillers de tous les gouvernemens qui ont péri depuis 1789?

On nous dit chaque jour que ces hommes ont fait de grandes choses, et que l'on ne peut se dissimuler que l'agriculture et l'industrie sont portées, en France, beaucoup plus loin qu'elles n'étaient en 1789. On oublie la tendance générale de l'esprit humain vers le perfectionnement des arts, et que les progrès que l'on nous vante se sont faits *malgré la révolution*, et *non par la révolution*. On oublie que si le peuple français est sorti momentanément de sa détresse par le paiement des dettes et des contributions en assignats, par la distribution des biens du clergé, de la noblesse et de la couronne, et par les taxes de guerre levées chez l'étranger, ces causes n'ont produit que des déplacemens de fortune, mais aucune prospérité permanente. Nous avons perdu nos capitaux, nos colonies, notre véritable aisance; et le peuple des campagnes, que l'on s'obstine à ne compter pour rien, parce qu'on ne voit que Paris, est plus que jamais dans la misère.

Que pouvait-on attendre en effet des progrès de l'agriculture dans un pays où la subdivision du territoire détruit chaque jour le revenu disponible; où le gouvernement s'oppose, quand lui plaît, à l'exportation des grains, favorise l'importation de ceux de l'étranger, gêne la circulation par l'entremise de ses fournisseurs ou de ses commis, soutient l'agiotage et l'usure par un jeu irrégulier d'effets publics, et ruine les propriétaires, ainsi que les fermiers, par une masse sans exemple de contributions directes (**)?

Que peut-on faire pour les manufactures, dans un pays où la majeure partie du peuple fabrique ses pauvres vêtemens, et où le manufacturier, empruntant à gros intérêts, est forcé d'élever le prix de ses ouvrages, en même temps qu'il diminue ses crédits; c'est-à-dire, où sa fausse position l'empêche presque toujours de soutenir la concurrence du fabricant étranger ?

Que faire pour le commerce, dans un état où le gouvernement a la manie réglementaire; où les capitaux circulent lentement; où les consommations de luxe sont réduites à quelques grandes villes; où la navigation n'est jamais suffisamment encouragée, et lorsque la principale colonie est en révolte ouverte ?

Que faire pour les finances, dans un pays où les dépenses publiques ne sont jamais proportionnées aux recettes; où le déficit augmente sans cesse; où les banqueroutes et les créations de rentes marchent de front; où la contribution foncière, la contribution personnelle et les patentes n'ont que des bases arbitraires; où l'on s'obstine à conserver

(**) *Voyez* la fin de l'Appendice.

ces taxes ruineuses, irrégulières, au lieu d'établir les impôts *sur les facultés réelles*, comme en Hollande, en Angleterre et dans les Etats-Unis d'Amérique ?

Que faire enfin pour épurer la législation, dans un pays où des invocations continuelles à la liberté n'ont produit que les plus affreux excès de l'anarchie et de l'autorité militaire ? Qui pourrait croire qu"il existe en Europe une administration aussi contraire à tous les intérêts publics, et que c'est ainsi que l'on gouverne au dix-neuvième siècle une grande nation justement renommée par son esprit, par son activité, par son courage ! Cela ne peut s'expliquer que par la marche et les effets du despotisme ministériel.

Disons ainsi que la législation établie par la révolution ne pouvait produire que des maux réels ; qu'elle est la cause principale des malheurs qui se sont succédés en Europe pendant plus de vingt ans, et que ces lois produiraient encore des effets aussi funestes, si les Ministres ne se hâtaient d'abandonner les maximes de leurs prédécesseurs.

Nous ne pouvons plus lever de contributions chez l'étranger ; bientôt nous n'aurons plus de domaines à vendre ; il est reconnu que l'on ne peut augmenter nos taxes ; et nos emprunts ne fourniront pas de grandes ressources : enfin, il est plus que douteux que dans un systême d'administration qui entrave à chaque instant l'industrie agricole, manufacturière et commerçante, nous puissions *tirer du besoin d'emprunter la nécessité de nous enrichir*. Ainsi, bientôt on ne pourra plus faire face à tant de dettes accumulées, à tant de besoins. Les Ministres se décideront peut-être alors à examiner la cause de nos maux : il ne sera plus temps. S'ils ne pressent d'agir, l'état gangréné tombera bientôt en dissolution.

Le malheur de la France est d'autant plus grand, qu'il résulte bien plus des institutions politiques que des dispositions particulières des individus qui gouvernent ; on n'obtiendrait ainsi aucune amélioration réelle par le renvoi des Ministres, si l'on ne changeait en même temps la machine ministérielle. Nous en avons eu la preuve, lorsque le premier ministère de la restauration fut dissous ; celui qui lui succéda prit immédiatement le même chemin : le premier voulait un pouvoir absolu ; que fait celui-ci ?

Tels sont les principaux résultats d'une administration établie dans un esprit de violence et de conquête, qui n'était en harmonie avec les habitudes d'aucun peuple, et qui l'est bien moins encore avec les principes paternels de la légitimité.

Malgré mes persévérantes recherches, je n'ai pu voir la totalité des désordres ; je n'ai même pas dit tout ce qu'on voit. Mon excuse est dans l'espoir que le gouvernement représentatif s'établira définitivement, et que sa marche invariable fera cesser tant d'abus. Il n'appartient qu'à l'histoire de parler sans ménagement ; elle le fera sans doute sur ce qui se passe en France : il est des gens que cette idée doit faire frémir.

Il nous reste à examiner si la masse des économies possibles serait aussi insignifiante qu'on le dit.

ECONOMIES RAISONNABLES.

Un orateur du Gouvernement a prétendu dans la dernière session que toutes les économies possibles ne produiraient qu'une diminution de dépense de 13 à 14 millions par an. Cette somme ne serait pas tant à dédaigner, puisque c'est le tribut que le Trésor obtient si péniblement de trois ou quatre départemens ; mais qu'aurait dit cet orateur, si on lui avait montré que l'on peut, que l'on doit économiser facilement plus de 74 millions par la simplification des lois et de la machine ministérielle ?

Essayons d'indiquer ces utiles, ces urgentes économies.

Ministère de la justice. — On trouve dans le Budget 200,000 fr. pour le traitement de M. le garde-des-sceaux, et 40,000 fr. pour celui de M. le sous-secrétaire d'état. Ne pourrait-on pas réduire de moitié chacun de ces traitemens, puisque le Ministre des affaires étrangères veut bien se contenter de 100,000 fr. ? . . Économie. 120,000 fr.

Le traitement des fonctionnaires et employés, et les dépenses administratives forment un ensemble de 500,000 f. Aucune chancellerie ne dépense une somme pareille. Ne pourrait-on pas, vu nos misères, réduire ce total de. . 100,000

Le Conseil d'état, si peu occupé, coûte 888,000 fr. Il ne faudrait pas regretter cette somme, si on rétablissait les conseils royaux près chaque ministère, ci. . . . . *Mémoire.*

220,000fr.

Ci-contre. . 220,000fr.

La Cour de cassation est portée en ligne pour 984,300 f. Elle ne coûtait que 544,720 f. en l'an 8; d'où vient cette augmentation? Si l'on voulait simplifier la procédure en France, on pourrait diminuer cette énorme somme. Il est d'ailleurs très-juste que les plaideurs payent l'entretien des tribunaux, ci . . . . *Mémoire.*

Plus de 12 millions sont demandés pour payer les Cours royales, les tribunaux de première instance et les justices de paix. Assurément il n'y a rien de pareil dans l'histoire administrative d'aucun peuple. Il a été reconnu qu'on pouvait réduire les Cours royales à dix-huit, et les tribunaux de première instance à trois cents. Ce nombre de tribunaux paraît même excessif, quand on considère le petit nombre de juges

220,000fr.

De l'autre part. . 220,000fr.

existans dans les pays libres, et qu'il serait à désirer que l'on augmentât les attributions des juges de paix. La multiplicité des tribunaux produit une suite immense d'avocats, d'avoués et de procès; c'est une des principales plaies du royaume. Si nous n'avons pas pitié de nous mêmes, ayons pitié de nos successeurs. Il est indispensable de réduire de moitié les tribunaux et les dépenses de la Justice, ci 6,000,000

La suppression des Cours prévotales produira sur les indemnités une économie de plus de. 100,000

Le traitement des commis secrétaires et commis expéditionnaires du parquet doit être payé par les plaideurs, sur les frais des expéditions, ci. . . 134,850

TOTAL. . . . . . . 6,454,850 fr.

à déduire des 17,600,000 fr. demandés par le Ministre. Resterait ainsi pour la dépense de ce ministère plus de *onze millions : il ne coûtait que* 8,726,098 *fr.*, sous le Consulat.

MINISTÈRE DES AFFAIRES ÉTRANGÈRES. — Ce ministère n'est pas susceptible d'un examen public, ni de retranchemens dans ses dépenses actuelles.

MINISTÈRE DE L'INTÉRIEUR. — Le traitement du Ministre peut être réduit à 100,000 fr., comme les précédens; et celui du sous-secrétaire d'état à 20,000 fr. . Economie, ci. . 90,000fr.

Les appointemens des employés et frais de bureaux sont portés pour 840,000 fr. L'on annonce que le traitement des employés a été diminué de 700,000 fr. depuis 1813; ce qui est fort simple, puisque cette administration était montée pour l'empire trop administratif de Bonaparte, et non pour le régime économique d'un gouvernement représentatif. Nous proposerons ainsi sur cet objet une réduction de 200,000

Le loyer des hôtels, l'entretien du mobilier, le comité

290,000fr.

De l'autre part. . 290,000fr.

général des gardes nationales, les archives du royaume forment trois articles portés à 220,000 fr., et susceptibles de fortes réductions. On n'évaluera ces réductions qu'à. . 100,000

Les haras, mieux dirigés, n'auraient sûrement pas besoin que le Gouvernement dépensât pour eux 1,600,000 fr. par an; ils ne coûtaient que 400,000 fr. en 1788. En leur accordant une somme double de l'ancienne fixation, on pourrait économiser. . . . 800,000

L'inspection des poids et mesures appartient aux préfets et aux municipalités; on peut ainsi supprimer cette inspection, qui coûte 88,000 f., ci. 88,000

La description de l'Egypte était beaucoup moins nécessaire qu'une bonne statistique du royaume. Cet ouvrage, de

---

1,278,000fr.

Ci-contre. 1,278,000fr.

pur agrément, va, dit-on, finir. Il faut donc payer ce reste de folie de Bonaparte, qui coûte depuis long-temps plus de 150,000 fr. par an. . . . . *Mémoire.*

L'instruction publique coûte 2,858,000 fr., dans un pays où le peuple ne sait généralement ni lire ni écrire. Les spectacles, les encouragemens à l'art dramatique, etc., etc., coûtent des sommes que l'on n'ose pas avouer, tandis que les secours pour incendies, grêles, inondations et travaux divers, ne sont portés que pour *mémoire*, avec demande d'un nouveau centime pour ces objets à peu près délaissés. Rien n'est même demandé pour l'encouragement de l'agriculture. Ne serait-il pas raisonnable de charger les conseils généraux de département de la surveillance

1,278,000fr.

De l'autre part. 1,278,000fr.

de l'instruction publique, après en avoir déterminé les bases par une loi positive? ci. . . *Mémoire.*

Les traitemens des préfets, sous-préfets et des conseillers de préfecture, l'abonnement des préfectures et des sous-préfectures, le loyer des hôtels de préfecture, l'entretien du mobilier et les compagnies départementales se portent à la somme de 9,612,000 fr. Il est reconnu que ces administrateurs multipliés ne font qu'embrouiller les affaires; qu'un préfet pourrait très-bien administrer quatre départemens, et que cette réunion aurait l'avantage d'associer une foule d'intérêts locaux que l'on a divisés au grand détriment des administrés. Cette énorme dépense pourrait certainement être réduite des deux tiers. Nous ne

1,278,000fr.

Ci-contre. 1,278,000fr.

compterons cependant l'économie possible que pour. . . . 4,806,000

Total des économies de ce ministère, ci. . . 6,084,000 fr. à déduire de 89,976,000 fr. que demande le Ministre, resterait ainsi 83,892,000 fr.

6,084,000fr.

Cette somme paraîtra immense sans doute, si l'on considère que ce ministère n'a dépensé en l'an 8 que 31,323,665 f. Il est vrai qu'il n'était point chargé de la dépense des cultes, pour laquelle on demande aujourd'hui 22,420,000 fr. Resterait donc, en sus de ce qu'il coûtait sous le Consulat. 30,148,335f.

MINISTÈRE DES FINANCES.—Les traitemens du Ministre et du sous-secrétaire d'état, réduits comme les précédens, produiraient une économie de. . . . . 70,000fr.

Celui des Ministres d'état ressemble beaucoup à des *sinecures*; et puisque ce sont des places éminemment honorifiques, les

70,000fr.

De l'autre part. 70,000fr.

appointemens devraient être très-modérés, ci. . . . . . . *Mémoire.*

L'entretien des bâtimens et du mobilier, le bois, la lumière et les menues dépenses se portent, en quatre articles, à 580,000 fr. On croirait qu'il s'agit de chauffer et d'éclairer une ville, d'approvisionner d'encre et de papier tous les colléges de France. Assurément ces dépenses peuvent être réduites de moitié, ci. . . . 290,000

Les appointemens des bureaux des payeurs, des caissiers, les remises du conseil contentieux, et les rétributions pour les travaux à la tâche, se montent à 4,080,000 fr. Quand on connaît l'intérieur des bureaux, on voit aisément que cette dépense peut être diminuée d'au moins. 2,000,000

La direction des contribu-

2,360,000fr.

Ci-contre. 2,360,000fr.

tions directes n'est d'aucune utilité réelle. La confection des rôles dont elle s'occupe peut être beaucoup mieux exécutée sous l'inspection des conseils des communes, et par leurs secrétaires, d'autant qu'il n'y a que des modèles à remplir. Quant aux vérifications pour les dégrèvemens, indemnités, etc., etc., il est aussi très-évident que les autorités locales sont suffisantes. Ainsi, cette administration doit être supprimée en entier, ci. . 2,700,000

L'administration des monnaies est portée en dépense pour 521,000f. Elle rendait autrefois une somme à peu près pareille, tous frais faits; cette somme n'est pas portée en recette : d'où vient cette différence et cet oubli? . . . . . *Mémoire.*

Les payeurs du trésor dans les départemens coûtent 1,430,000f.

5,060,000fr.

De l'autre part. 5,060,000fr.

et ceux des ports, forges et fonderies, 184,000. Ce service pourrait facilement être réuni à celui des receveurs-généraux; ce serait probablement une économie de plus de. . . 1,000,000

Les traitemens des receveurs-généraux et des receveurs d'arrondissement *ne sont pas compris dans le Budget particulier de ce ministère;* ils se payent en dehors des taxes, et le Ministre donne, en outre, une prime de 4 à 5 millions par an aux receveurs-généraux sur les frais de négociation; ces traitemens pourraient être réduits de moitié, ce qui produirait une économie de 7 à 8 millions, ci. . 7,000,000

Les frais de négociation, si prodigieusement augmentés, devraient être à peu près nuls dans un meilleur systême. On ne portera cependant cette réduction pour 1818 que pour. . 2,000,000

Les inspecteurs des finances

15,060,000fr.

Ci-contre. 15,060,000f.

seraient inutiles dans un système économique, les préfets et sous-préfets pouvant très-bien surveiller les caisses. Les envois de fonds, les frais de transports seraient aussi susceptibles de réduction; il y a lieu de croire qu'on pourrait diminuer d'à peu près moitié ces trois articles. 400,000

Le cadastre est une entreprise aussi ruineuse qu'inutile. L'expérience des anciennes provinces cadastrées est positive. La commission du budget de 1816 l'avait reconnu; et quoi qu'on fasse dire à cet égard, à quelques conseils de département, trop complaisans ou mal informés, l'opinion publique se joint tous les jours à l'expérience, pour demander la suppression de cette administration, qui paraîtra tout à fait ab-

15,460,000f.

De l'autre part. 15,460,000f.

surde, dès qu'on sentira la nécessité de n'établir des taxes que snr des facultés réelles, au lieu de suivre la ligne nécessairement arbitraire des impôts sur les personnes et les propriétés, ci. 3,000,000

Le versement au domaine de la Couronne est susceptible de plusieurs observations importantes . . . . *Mémoire.*

Il en est de même d'une dépense de 680,000 fr. pour la Chambre des Députés. A quoi servent ces questeurs? et pourquoi le Président jouit-il d'un traitement si considérable, lorsque les fonctions de Député sont et doivent être gratuites? ci. *Mémoire.*

TOTAL des économies du Ministère des finances.. . . . . . 18,460,000fr.

MINISTÈRE DE LA GUERRE.—Le traitement du Ministre et celui du sous-secrétaire d'état, réduits comme les précédens, présenteraient une économie de. 150,000fr.

Ci-contre.	150,000fr.
Les appointemens des employés et agens de service forment un total de 1,143,820 fr., et les fournitures pour le service des bureaux sont portées à 208,000 fr. Ces articles paraissent susceptibles d'une grande réduction ; nous ne la porterons ici qu'au tiers, ci. . . .	450,620
L'état-major-général, les intendans militaires, les états-majors de place, forment une dépense de plus de neuf millions. Ces trois articles peuvent certainement être diminués de moitié, ci.	4,500,000
Les prévots vont être supprimés, ce qui fera une économie de, ci.	516,000
Les hôpitaux sont portés pour 4,492,980 fr. Cette dépense paraît bien forte en temps de paix, d'autant que le per-	
	5,616,620fr.

De l'autre part. 5,616,620fr.

sonnel y est compris pour plus d'un million, ci. . . . . *Mémoire.*

Huit millions pour l'artillerie, cinq millions pour le génie, 1,792,116 francs pour les trains, convois et transports, paraissent des sommes que l'on peut diminuer, ci. . . . . . . *Mémoire.*

Il semble enfin que la dépense proposée de plus de 164 millions pour l'année 1818, est susceptible de grandes économies dans la situation défensive que la France doit conserver, surtout si on considère que la solde et accessoires ne se portent pas à 40 millions, ci. . . . *Mémoire.*

Réduction sur ce Ministère. 5,616,620fr.

Ministère de la marine et des colonies. — Le traitement du Ministre est compris avec les appointemens des directeurs, bureaux et employés, se portant à 1,115,000 fr. Les Chambres obtiendront sans doute les détails nécessaires, ci . . . . *Mémoire.*

En tout, la dépense de ce ministère paraît modérée dans son total. L'article des colonies, se portant à 4,600,000f., paraît même fort au-dessous des besoins. Nous ne proposerons ainsi aucune réduction sur ce ministère, qui n'est susceptible de grandes économies que dans l'adjudication des vivres et des approvisionnemens (***).

Ministère de la police générale. — Les dépenses de ce ministère sont portées d'une part à un million, et de l'autre à 5,900,000 f. Ce dernier article est compensé par les recettes accidentelles que le Ministre *fait figurer* dans les revenus de l'État. On aurait très-bien pu se dispenser de cette *figure*, puisque la totalité de 5,900,000 fr. est absorbée par des dépenses qui sont à peine indiquées, et qu'ainsi il ne sera pas versé un écu dans la Trésorerie. On avait justement reproché au Ministre de la police, dans les précédentes sessions, ses demandes effectives au budget général, lorsqu'il était reconnu que ses recettes particulières provenant des jeux et autres sources impossibles à avouer, s'élevaient à plus de 10 millions. L'on avait observé qu'il était inconstitutionnel qu'un Ministre levât de pareilles taxes, et pût disposer à volonté d'une somme aussi considérable.

(***) *Voyez* la fin de l'Appendice.

Il est plus que douteux qu'en *faisant figurer* 5,900,000 fr. en recette et dépense au budget, le Ministre réponde à ces graves observations ; il semble au contraire que cette balance illusoire fortifie la remarque.

Les pensions sont une charge immense; elles s'élèvent à plus de 53 millions, sans compter les retraites accordées dans chaque ministère sur les fonds de retenue ; et l'on voit avec une surprise extrême, dans le volumineux état récemment imprimé, que plusieurs pensions ont été accordées à des hommes riches, à des dames qui possèdent de beaux hôtels, de belles terres, de beaux diamans, etc. M. de Villèle, dont on ne saurait trop estimer le caractère et les talens, avait proposé, dans la dernière session, d'ajourner jusqu'en 1821 le paiement de toutes les pensions ou retraites des titulaires qui ne justifieraient point ne pas posséder un revenu de 3,000 fr. De cette manière, on éviterait une révision rigoureuse qui paraît nécessaire, ci . . . . *Mémoire.*

La direction de l'enregistrement et des domaines n'est susceptible que de fort légères économies, excepté pour l'administration des forêts, dont les dépenses excèdent quatre millions et demi, sans compter les revenans-bons particuliers qui dérivent des fonctions de cette administration. On ne saurait ainsi trop tôt employer l'immense capital des bois VÉRITABLEMENT domaniaux à la libération de la dette publique ; ce qui suppose un changement total dans le mode de la vente de ces bois. Economie, ci. . . . 4,500,000 fr.

L'ADMINISTRATION DES CONTRIBUTIONS INDIRECTES est, dans son état actuel, une monstruosité en finance. On a imaginé de détruire l'odieux de l'administration des droits-réunis, en changeant son nom ; mais comme on a laissé peser la charge et les abus sur le peuple, il continue de voir les employés avec horreur. J'ai démontré jusqu'à la dernière évidence, dans mes précédens ouvrages, qu'il était facile d'obtenir les mêmes produits pour le Trésor, en supprimant la totalité de cette administration : il ne s'agit pour cela que de suivre les exemples donnés par d'autres pays, et celui que donnait l'ancienne province du Languedoc pour la levée de l'impôt appelé *l'équivalent* ; c'est-à-dire, qu'il faut établir des corporations SANS PRIVILÉGE, et les charger de la levée de la taxe, qui arriverait ainsi sans déduction à la Trésorerie. Au lieu d'employer ce moyen si simple, si profitable aux intérêts des gouvernans et des gouvernés, on a fait semblant de favoriser les abonnemens individuels, et puis on est venu déclarer que ce moyen était insuffisant. Mais ce n'était pas des abonnemens INDIVIDUELS qu'il fallait, c'étaient des abonnemens COLLECTIFS. L'intérêt public exige impérieusement la prompte suppression de cette administration, à laquelle on a joint, pour la fortifier, le monopole des tabacs, et le bureau de garantie des matières d'or et d'argent, qui peuvent facilement être administrés par la régie des domaines. La suppression des anciens droits-réunis serait un bienfait qui attirerait d'innombrables bénédictions sur la légitimité, et produirait une économie de dépense de plus de 30 millions, quoique les frais de cette régie ne soient portés dans les derniers états que pour environ 20 millions, ci. 30,000,000 fr.

Administration des Douanes. — Cette administration dont l'état-major coûte 120,000 f., les employés 400,000 fr., possède encore des inspecteurs-généraux à 12,000 f. de traitement, des adjoints à 10,000f., des directeurs à 8,000 fr., sans compter les parts dans les saisies. Il semble que l'on pourrait réduire de moitié ces magnifiques traitemens ; il est même probable que l'on pourrait arriver un jour, par de bons traités de commerce, à la suppression d'une grande partie des frais de douane, ci.. *Mémoire.*

Administration générale des Postes. — Ses chefs, ses principaux employés sont en général trop payés, comme ceux des autres administrations ; c'est sur eux seulement que peuvent tomber quelques réductions, ci. . . . . *Mémoire.*

Administration de la Loterie royale de France. — Si la loterie était conçue dans la forme des loteries d'Angleterre et d'Irlande, ce qui pourrait se faire sans inconvénient, on pourrait supprimer la totalité de la dépense de cette administration, que l'on a évaluée pour 1818 à 4,300,764 fr., et que l'on ne comptera ici que pour. 3,500,000

Total des économies évidentes à faire, sans compter les articles portés pour *mémoire*, ci. . . . . 74,615,470fr.

Mais, dira-t-on, que deviendront ces innombrables employés dont vous demandez la suppression ? Ils deviendront des hommes productifs, de bons agriculteurs, de bons négocians, de bons manufacturiers, par un changement de système éminemment favorable à l'agriculture, aux manufactures et au commerce. En attendant que cette nouvelle carrière soit ouverte pour eux, ils recevront des traitemens momentanés, ou seront promus aux emplois conservés, et qui deviendront vacans ; mais on ne recrutera plus cette armée d'hommes improductifs ; leur existence ne sera plus une charge continuelle pour l'Etat ; et les fonctions publiques, réduites au nécessaire, ne présenteront plus deux nations en France, dont l'une est constamment en état de guerre contre l'autre.

Mais, dira-t-on encore, peut-on trouver une dépense ministérielle de 500 millions excessive pour chaque année? Oui sans doute, si on la compare à celle des autres grandes puissances de l'Europe, puisqu'aucune ne dépense en temps de paix 400,000,000fr., malgré leurs grandes armées de terre et de mer. Mais si l'on considère l'état de la France, nous dirons tous que cette dépense ne serait point extrême, si les Ministres voulaient faire un bon usage des fonds qui leur sont alloués. Que le Ministre de la justice, au lieu de salarier des tribunaux inutiles, emploie des magistrats à simplifier les lois et la procédure.

Que le Ministre de l'intérieur, au lieu de nourrir tant d'employés, cesse de soutenir à grands frais tant de bureaux inutiles, et des dépôts de mendicité, où les traitemens des gérans l'emportent de beaucoup sur les secours donnés aux indigens; que ce Ministre favorise tous les travaux utiles, qu'il encourage effectivement l'agriculture, les manufactures; qu'il rassure le commerce par une meilleure législation, dont il a avoué lui-même le besoin; qu'il fasse perfectionner toutes les communications intérieures ; qu'il fasse mieux surveiller l'adjudication des travaux publics; qu'il relève l'instruction publique sur des bases religieuses, et qu'au lieu de ses nombreuses circulaires, de ses instructions de bureau, de ses commissions et conseils consultatifs, il écoute l'opinion publique, et laisse agir les intérêts généraux ;

Que le Ministre des finances, au lieu de ruiner la Trésorerie par des administrations trop multipliées, par un agiotage sans bornes, par des frais de négociation sans comptabilité régulière, par des emprunts à terme et secrets, fasse diminuer les centimes, ainsi que les taxes sur les personnes, sur les propriétés et les objets de première nécessité, et qu'il donne de véritables secours pour les grêles, les inondations et les incendies;

Que le Ministre de la guerre complète les régimens et rétablisse les arsenaux;

Que celui de la marine s'occupe de l'établissement des colonies, et de pacifier Saint-Domingue;

Enfin, que le Ministre de la police, au lieu de soutenir un espionnage aussi immoral que dangereux, emploie une partie des fonds qu'il tire des jeux de hasard, et de sources encore plus impures, à la sureté, à la salubrité de Paris et des principales villes du royaume, généralement si malpropres, si mal éclairées; alors on ne regrettera plus les sommes immenses que la nation accorde tous les ans pour le soutien du Gouvernement.

CONCLUSION.

Que faut-il faire?

Il faut exécuter la Charte, afin de pouvoir suivre désormais les voies de la justice, de la liberté, de la prévoyance et de l'intérêt national.

Il faut simplifier la machine ministérielle, en attachant aux ministères de la guerre, de la marine, de la justice, des finances et de l'intérieur, des conseils royaux, qui donnent de la régularité aux affaires, de la stabilité aux maximes du gouvernement, et qui forment des hommes d'état.

Il faut établir un bureau de contrôle qui vérifie les liquidations des dépenses ministérielles, et les fasse payer immédiatement, suivant leur nature, en numéraire ou billets du trésor.

Il faut se hâter de rendre tous les capitaux, les rentes, et tous les biens confisqués qui se trouvent entre les mains du gouvernement.

Il faut, par des commissions particulières, composées de conseillers et de ministres d'état, préparer l'épuration de tous les Codes, afin de mettre toutes les lois en harmonie avec l'action sage et simple du gouvernement représentatif.

Il faut donner une juste influence à la propriété, aux talens, à l'industrie.

Il faut établir des corporations SANS PRIVILÉGE, afin d'assurer le bon ordre, afin que le gouvernement puisse intervenir sagement dans les élections pour la conservation des droits du trône, et que l'état puisse lever des taxes à peu de frais.

Il faut augmenter l'attachement du peuple français pour la monarchie et la maison de Bourbon, en délivrant l'agriculture, les manufactures et le commerce, des entraves qui résultent de la contribution foncière, de la contribution personnelle, des patentes et des droits-réunis. Il faut convertir graduellement ces taxes en impôts sur les facultés réelles, d'après la pratique suivie dans les pays les mieux administrés.

Il faut que le gouvernement ne se mêle plus du commerce des grains.

Il faut pacifier St.-Domingue, étendre nos cultures à la Guianne, et soutenir la colonie du Sénégal.

Il faut établir un meilleur systême de circulation, par l'entremise de la Banque de France.

Il faut perfectionner notre navigation intérieure, en favorisant l'établissement des écluses et la construction des canaux.

Il faut qu'une loi positive détermine les moyens d'entretenir les chemins vicinaux.

Il faut augmenter le pouvoir municipal et la compétence des juges de paix.

Il faut surtout que la presse soit libre, parce que cette liberté peut seule garantir les droits civils.

Il faut enfin qu'une bonne éducation nationale, fondée sur des principes religieux, mette le sceau à toutes nos institutions.

Toutes ces choses ont l'appui de l'expérience, l'assentiment de tous les hommes qui possèdent quelque instruction, quelque propriété, quelqu'amour de la patrie. L'exécution de ce plan serait facile; mais l'ignorance, la cupidité, la paresse défendront toujours le pouvoir absolu, et tant que le pouvoir absolu du ministère existera, aucune amélioration réelle ne sera possible. On pourra faire de fort beaux discours sur la liberté, la propriété, l'agriculture, le commerce, l'industrie, les finances; les droits civils n'en seront pas moins froissés, le royaume n'en sera pas moins opprimé par des nuées d'agens inutiles; il sera tenu dans une fermentation continuelle pour le triomphe de quelques intérêts privés, ou des vanités les plus misérables; tous les abus s'accroîtront au lieu de diminuer; en un mot, l'Etat restera livré aux périls des révolutions (1).

---

(1) Je l'ai démontré dans mes précédens écrits; mais les hommes à grand pouvoir ont-ils le temps de lire des livres, d'examiner des plans généraux? N'ont-ils pas leurs bureaux consultatifs, leurs bureaux particuliers, leurs bureaux de statistique? et puis tout ne s'arrange-t-il pas le mieux du monde avec des circulaires, des proclamations et des commissions administratives? Un journal dans lequel on pourrait discuter tous les matins les besoins du public, ainsi que les actes du gouvernement, serait à coup sûr plus utile, et ne serait pas si cher.

Mais la Providence veille sur cet empire; mais la voix de Sully fait encore pâlir les traitans, les flatteurs : rien ne périra donc en France; les Ministres eux-mêmes, éclairés par de si longues erreurs, voudront noblement les réparer, et verront la gloire qui les attend. Puisse ce vœu s'accomplir! L'irrésistible loi de la nécessité les presse de toutes parts : encore une faute, et la légitimité, si heureusement rétablie par tant d'efforts, s'écroule.

Les ministres n'ont plus qu'un moment.

APPENDICE.

On achevait d'imprimer ceci, lorsque deux brochures publiées contre l'ouvrage de M. Ganilh, membre de la Chambre des Députés, m'ont été communiquées. L'une de ces brochures est faite par un ancien employé des finances, qui déclare *plusieurs fois* n'être pas chargé de cette controverse; l'autre est, dit-on, l'ouvrage d'un Maître des requêtes, connu par les éloges qu'il a prodigués au malheureux système des bons royaux. M. Ganilh n'a pas besoin qu'on le défende, et saura bien repousser des attaques plus que maladroites; mais je dois faire remarquer combien il est étrange que, lorsqu'il remplit le devoir de signaler les abus, devoir imposé à tout Français, mais plus particulièrement encore aux membres de la Chambre des Députés, on l'accuse DE PRÉSOMPTION, D'IMPRUDENCE, ET D'IMPARDONNABLE LÉGÈRETÉ. On devrait s'attendre, d'après ce ton de supériorité, à trouver dans ces brochures des preuves évidentes. Eh bien ! après les avoir lues attentivement, je reste convaincu que, loin de disculper l'administration actuelle des finances, elles fournissent de nouvelles armes contre elle. Je reste convaincu, comme M. Ganilh, que l'arriéré a été constamment exagéré, que les ressources ont été constamment atténuées, que les liquidations se font dans une forme très-irrégulière, qu'il existe un gaspillage énorme dans la plupart des ministères et des administrations financières. Je crois que notre système de contributions a le triple inconvénient de ruiner l'industrie, de multiplier les agens inutiles, et de ne pas fournir à la Trésorerie des ressources suffisantes. Je crois que les comptes des Ministres sont obscurs, compliqués, mystérieux, dénués de moyens suffisans de contrôle, et que les formes de comptabilité suivies en Angleterre, sont préférables aux nôtres, quoi qu'en disent les auteurs des deux brochures. Je crois enfin que l'ouvrage de M. Ganilh ne serait pas si violemment attaqué, si les hommes qui s'enrichissent par les abus, n'avaient senti que cet ouvrage soulève le voile qui les cache, qu'il appelle l'attention publique sur les objets les plus graves, et que le temps est venu où les Chambres doivent faire disparaître les causes de tant de désordres.

(*) On dira peut-être que les 13 millions de retenue sur les traitemens ne montrent pas l'énormité des profits de la bureaucratie, puisqu'une partie des retenues porte sur d'autres salaires que les siens. Je répondrais que je n'ai mentionné ce total que comme un aperçu propre à conduire à des moyens de vérification; que, d'après le tarif, il est plus que probable que les retenues s'exercent sur une masse de traitemens excédant 260 millions, et qu'il est évident que la majeure partie de ces traitemens appartient à des emplois inutiles dans un meilleur ordre. L'exemple des autres pays ne peut laisser aucun doute sur ce sujet.

(**) L'agriculture de la France est généralement conduite *en trois soles*, *et sans capitaux suffisans*. Cette agriculture ne peut ainsi être comparée à celle de l'Angleterre, de l'Allemagne, de la majeure partie de l'Italie, pas même à celle de la Catalogne et de la Biscaye, encore moins à celle de l'Andalousie. Nos villages sont les plus vilains de l'Europe, après ceux de la Pologne ; et le peuple français est, de tous ceux que j'ai étudiés, celui à qui on laisse le moins de moyens de fournir à ses besoins. Voilà à quoi se réduit notre état agricole *actuel et tant vanté*. On ne peut concevoir ces choses quand on administre sous la tutelle des commis, *sans le secours de la liberté des journaux*, et qu'on ne connaît que la banlieue de la capitale, ou nos sociétés d'agriculture.

(***) Il ne faut pas diminuer les sommes que l'on accorde au Ministère de la marine, mais il faudrait les mieux employer. Les gens de plume sont trop nombreux dans les ports, et il est reconnu que des frégates sont plus utiles pour le systême qui convient à la France, qu'une grande quantité de vaisseaux de ligne. Il est évident aussi que la marine serait mieux conduite par un collége d'amirauté ou conseil royal, que par des Ministres pris dans la robe ou dans l'armée de terre ; enfin, il serait convenable de substituer aux classes, des corps de marins enrégimentés.

FIN.

www.ingramcontent.com/pod-product-compliance
Ingram Content Group UK Ltd.
Pitfield, Milton Keynes, MK11 3LW, UK
UKHW012240240726
13966UKWH00003B/1191